Kunstwerk Kosmos

DIE HIMMEL ERZÄHLEN ...

Norbert Pailer
Johannes Weiss

hänssler

Ein Blick in den Kosmos mit Olivers Augen. Ihm genügen Pinsel und Palette. Andere brauchen Milliarden Euros teure Gerätschaften wie für die Bilder in diesem Buch oder sie bauen sich selbst ein Teleskop – siehe dazu Seite 85 mein erstes Mondbild.

„Das Elternhaus muss beides geben: Wurzeln und Flügel."
Johann Wolfgang von Goethe

Für meinen Sohn Oliver

An der Kreuzung zwischen Schule und Studium soll dir dieses Buch gewidmet sein. Dein Leben ist noch jung und prallvoll mit guten Ideen. Möge dir das eine oder andere gelingen. Kleine Taten, die man tut, sind besser als große, die man plant.
Auch wenn Söhne ihrer Zeit ähnlicher sind als ihren Vätern, wünsche ich dir, dass du das Gute behalten und mehren und so die Welt ein bisschen lebenswerter machen kannst. Wir standen zusammen, auch als der Tod mit eiskalter Hand in unsere kleine Familie griff. Das hat unseren Glauben stark gemacht.
Ich war dir – von mir aus – kein idealer Vater. Darum weiß unser gemeinsamer himmlischer Vater, aber ich will immer dein liebender Vater sein. Ich werde den kurzen Abschnitt unseres gemeinsamen Lebens in der schier endlosen Raumzeit nie vergessen. Es wird mein kleines Paradies sein, aus dem mich nichts vertreiben kann.

Inhalt

Inhalt

Psalm 148,3a:
Lobt ihn,
Sonne und Mond!

Psalm 148,5b:
... denn sein Befehl
rief sie ins Dasein.

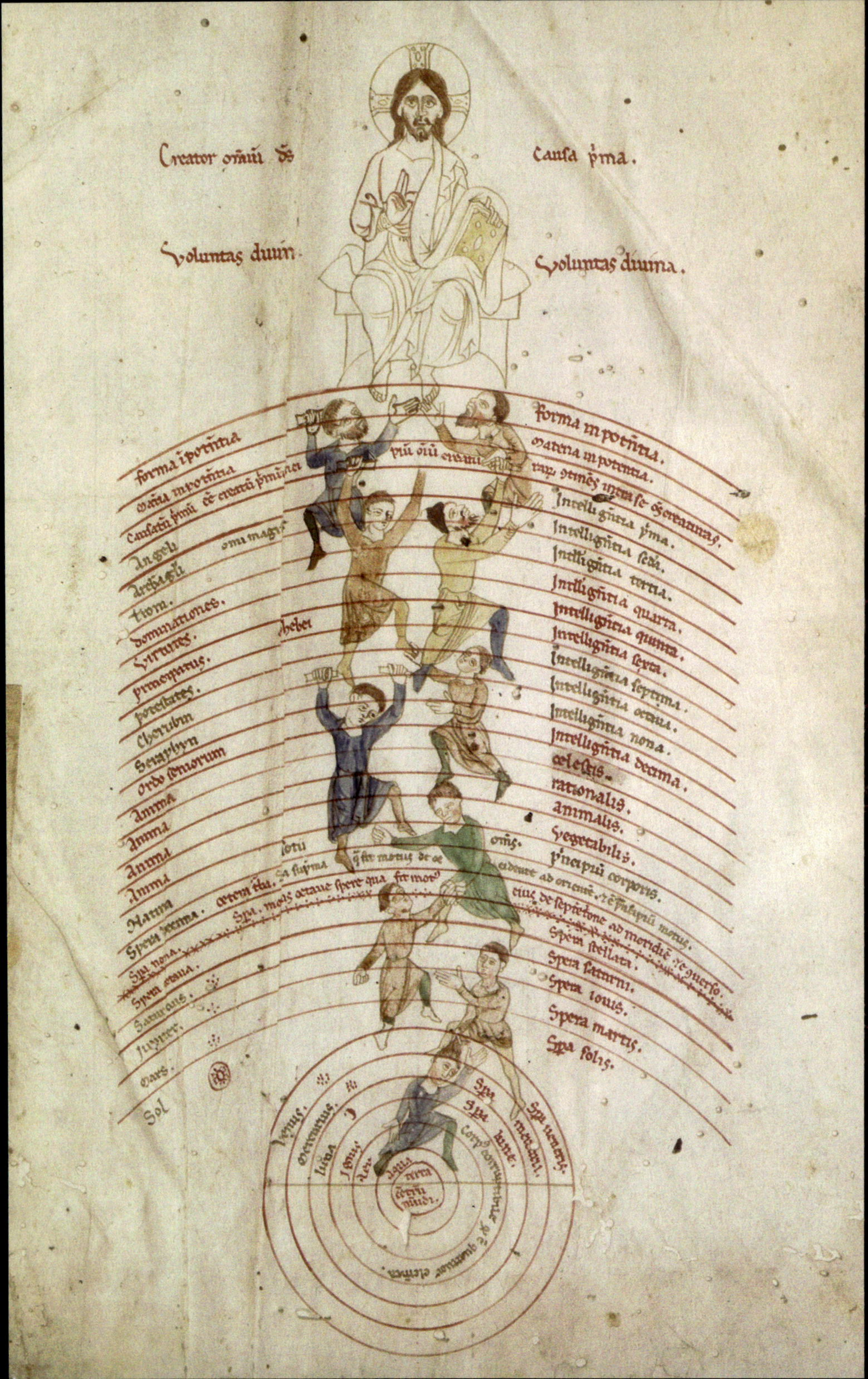
Voluntas diuina.
forma in potentia.
Intelligentia prima.
Intelligentia tertia.
Intelligentia quarta.
Intelligentia quinta.
Intelligentia sexta.
Intelligentia septima.
Intelligentia octaua.
Intelligentia nona.
Intelligentia decima.
Angeli
Archangeli
Dominationes.
Virtutes.
Principatus.
Potestates.
Cherubin
Seraphyn
Ordo seniorum
Anima
Anima
Anima
Anima
Natura
celestis.
rationalis.
animalis.
Vegetabilis.
Spera stellata.
Spera saturni.
Spera iouis.
Spera martis.
Saturnus.
Iupiter.
Mars.
Sol
Venus.
Mercurius.
Luna
Ignis.
Aer.
Aqua
Terra
Centrum
mundi.

Prolog

Wer Kunstwerk sagt, ist auf dem Weg zum Künstler als dessen Urheber. Es mag in unseren Ohren ungewöhnlich klingen, den Kosmos als Kunstwerk zu begreifen. Folgen wir aber diesen Spuren durch die Jahrhunderte, so betrachteten Menschen aller Zeiten Gott als ihren Designer. Wir dagegen sind es gewohnt, ihn eher als Anklageposition nach Katastrophen zu benutzen.

Die hierarchische Darstellung im hermetischen *Weltbild* (= Ganzheitsbild; links) zeigt den souveränen Gott als Beweger außerhalb der Fixsternensphäre. Ihm dienen die Engel unterhalb von ihm. Danach kommt die geistige Welt der Philosophie, darunter die materielle Welt der Sterne und die der Erde. Der Mensch auf der Erde gefährlich nahe zur Welt des Teufels unter der Erdoberfläche, konnte aber durch Glauben emporgehoben werden zu Gott. Damit war diese Abbildung nicht nur eine Beschreibung der Welt, sondern auch ein moralischer Imperativ: Gott in seiner Vollkommenheit ist fern von dir und doch erreichbar.

Sicher hat dieses alte Weltbild einiges an Veränderung erfahren. Wir haben heute unser Bild vom Kosmos weiterentwickelt. Mit Geräten, die wir aus den Stoffen unseres Planeten gebaut haben, wurde der Kosmos neu aufgerollt. Digitale Daten geben uns Auskunft, die mit Lichtgeschwindigkeit von emotionslosen, aber präzisen Weltraumrobotern übermittelt werden. Unsere Vorstellungen haben sich erweitert. Selbst in Gebieten am Himmel, wo es früher zappenduster war, sehen wir heute ein Gewusel von Lichtreflexen. Aber wir haben auch eine neue Sicht von Gott bekommen. Er ist nicht nur erreichbar. Eine Ahnung seiner Größe ist bereits im Geschaffenen zugänglich.

So will dieses Buch anhand schönster Bilder vom Kosmos stummer und doch unüberhörbarer Zeuge sein für die unbegreifliche Genialität seines Urhebers. Ob es das neue Bild des Hubble-Weltraumteleskops vom Orion-Nebel ist oder die Szene einer Klatschmohnwiese: Jeder Künstler würde bei diesem Anblick von seiner Leinwand respektvoll zurücktreten, den Pinsel fallen lassen – und staunen. Lassen Sie uns die Raumzeit als seine vierdimensionale Leinwand mit Kopf und Herz betrachten!

„Die Seele hat die Farbe deiner Gedanken.“
Mark Aurel, römischer Kaiser

Kapitel 1

Bilder vom Rand des Kosmos

Lobt ihn,
ihr Weiten des Himmels!

Psalm 148,4a

**„Es ist schwierig zu sagen,
was unmöglich ist,
denn der Traum von gestern
ist die Hoffnung für heute
und die Realität von morgen.“**
Robert Goddard, Weltraumpionier

Space Shuttle – Werkstatt im Weltraum

Das Space Shuttle diente mehrmals dazu, das Hubble-Weltraumteleskop zu reparieren und mit neuartigen *Fokalinstrumenten* auszurüsten. Eine weitere Reparaturmission steht an. Aber es ist nicht klar, ob die NASA das Risiko nochmals eingeht, mit dem Space Shuttle zum Hubble-Weltraumteleskop zu fliegen. Die Erinnerung an die letzte Katastrophe ist noch immer präsent. Obwohl bereits das James-Webb-Space-Telescope JWST als Nachfolger entwickelt wird, ist das Hubble-Weltraumteleskop nach wie vor das Arbeitspferd der Astronomen im Weltraum.

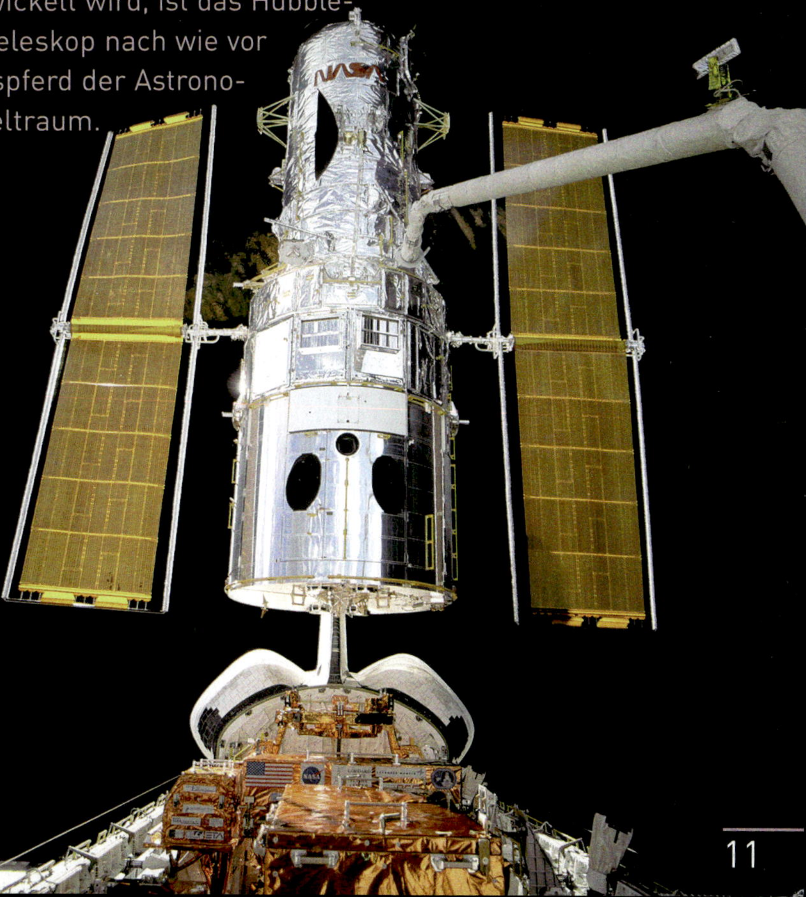

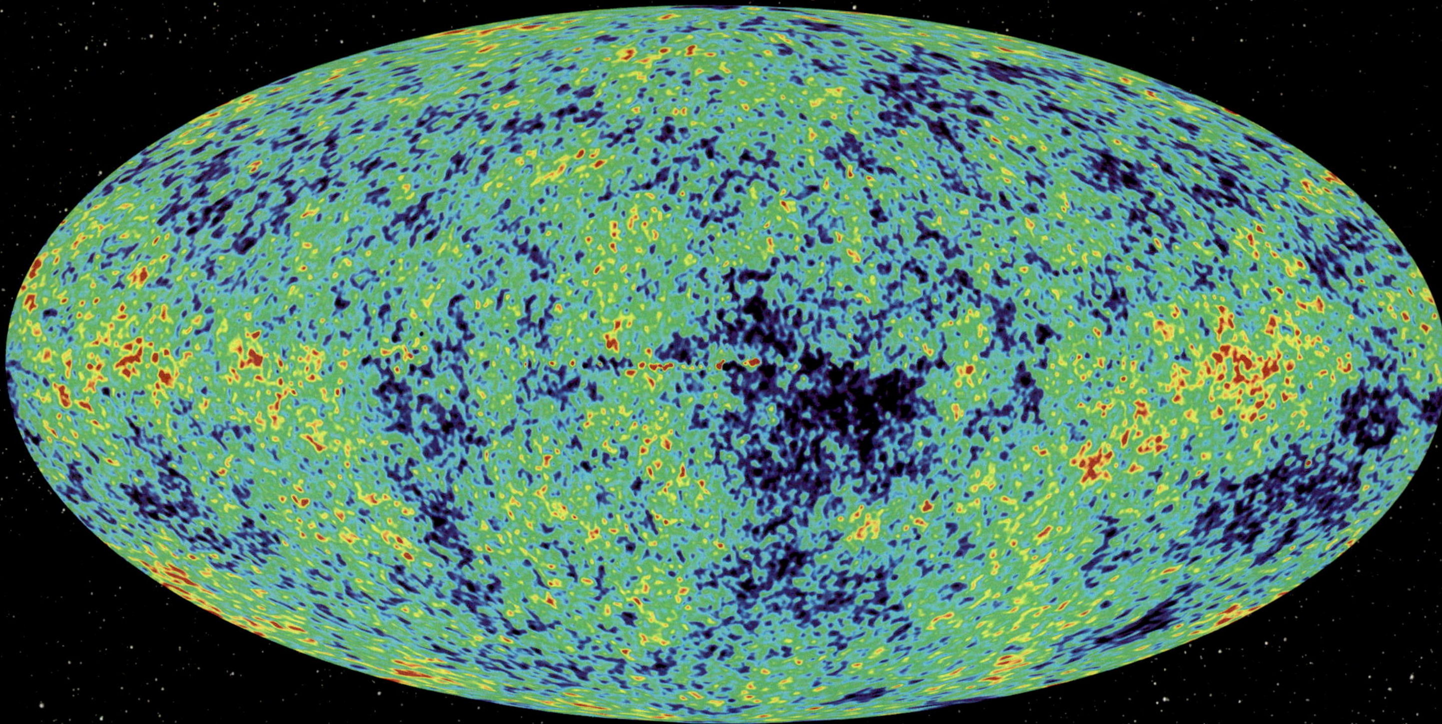

„Ursprungsforschung
ist ein mehrdimensionales Puzzle,
bei dem die meisten Puzzleteile
fehlen und bei dem es auch keine
Abbildung auf der Verpackung gibt."

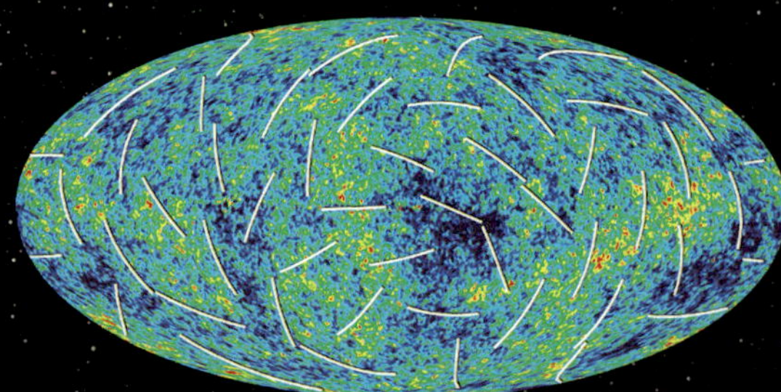

Hintergrundstrahlung – Früheste Signale aus dem All

Satellit erblickt die frühesten Signale des Alls. Noch nie haben Forscher einen derart intimen Blick auf die Anfänge des Universums geworfen: Der Urknall ist das unter Wissenschaftlern beliebteste Konstrukt, um die heutige Gestalt des Universums zu erklären. Doch der prüfende Blick auf die ersten Momente des Alls blieb den Forschern verwehrt – bis jetzt: Mit Hilfe des US-Satelliten WMAP Wilkinson Microwave Anisotropy Probe ist es gelungen, das älteste Licht des Universums aufzufangen.

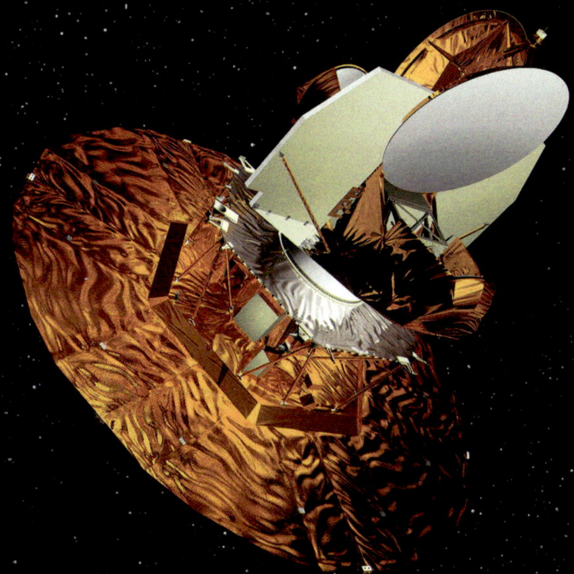

Manche bezeichnen dieses Bild (links) gar als ersten Blick auf die frühesten Momente von Raum und Zeit, das Genom der Kosmologie.
Das neu entdeckte Strahlungsmuster – angedeutet durch die Striche im linken Bild –, ein „Polarisationssignal im Nachglühen des Urknalls", ist nach Angaben der Wissenschaftler das schwächste jemals aufgezeichnete kosmologische Signal. Es entspricht weniger als einem Hundertstel dessen, was der WMAP-Satellit (oben) bei seiner ersten spektakulären Messung der kosmischen *Hintergrundstrahlung* im Jahr 2003 geliefert hat. Der Satellit kann Temperaturunterschiede von weniger als einem Millionstel Grad feststellen, die sich in den Farbmustern des Bildes widerspiegeln. Nur, dass sie am Anfang der Welt so klein ausgefallen sein sollen, hat alle überrascht.

Deep Field – Unendliche Tiefen

Galaxien, überall Galaxien – so weit das Hubble-Weltraumteleskop reicht. Diese Szene ist der Anblick von rund 10 000 fernsten Galaxien im optischen Spektralbereich und wurde aus 800 Einzelaufnahmen zusammengesetzt, die aus der Zeit von über 400 Erdumrundungen gewonnen wurden. Sie stammt von einem Galaxienhaufen und ist unter dem Namen Hubble Ultra Deep Field bekannt geworden. Das Bild beinhaltet Galaxien verschiedenen Alters, verschiedener Größe und Farbe. Die kleinsten, rötlich erscheinenden Galaxien mögen zu den fernsten aller bekannten Galaxien gehören. Sie könnten aus einer Zeit stammen, in der das Universum gerade 800 Millionen Jahre alt gewesen ist. Die nächsten, bereits definiert geformten Galaxien, die heller, größer und als Spiral- oder elliptische Galaxien ausgeformt sind, mögen aus einer Zeit von vor bis rund 13 Milliarden Jahren stammen. So genau weiß man das nicht.

Es gibt einen unglaublichen Kontrast zwischen klassischen spiralförmigen oder elliptischen Galaxien und einem ganzen Zoo von unförmigen Gebilden. Einige schauen aus wie Zahnstocher, andere wie Armringe, wieder andere scheinen miteinander in Wechselwirkung zu stehen. Letztlich wird unser Universum als ein kleines Bläschen im großen „Schaumbad des Gesamtuniversums" – von zahllosen Universen, genannt *Multiversen* – gesehen. Die wildesten Ideen wurden debattiert, um die einfachsten Erklärungen zu vermeiden!

Dieser tiefste Blick provoziert die Frage nach der Anzahl der Sterne im Kosmos. Wir wissen es nicht genau, müssen aber von mindestens 10^{25} Sonnen im sichtbaren Kosmos ausgehen, was eine „Eins" mit 25 Nullen bedeutet.

„Der Blick zum Himmel war meinem Glauben zuträglicher als meinem Wissen."

Wagenradgalaxie – Gewaltiges Feuerrad

Wagenradgalaxie M101 als bisher schärfstes Bild des Hubble-Weltraumteleskops, wobei in diesem Komposit auch Aufnahmen von bodengestützten Teleskopen eingearbeitet wurden. Rund 1 Billion Sterne in unerreichtem Detail! Viele von ihnen gibt es längst nicht mehr; sie sind erloschen. Aber erst jetzt erreicht uns ihr Licht.

Dieses gewaltige Feuerrad einer Galaxie ist rund 25 Millionen Lichtjahre von uns entfernt. Mit einem Durchmesser von 170 000 *Lichtjahren* ist sie fast doppelt so groß wie unsere Milchstraße. Die Galaxie liegt im Sternbild Ursa Major, zu Deutsch Großer Bär.

„Ein Bild ist mehr als ein Universum von Wörtern.“

Sterninseln – Kosmische Kollision

In Richtung des Sternbildes Canis Major (Großer Hund) ziehen zwei Galaxien eng aneinander vorbei wie zwei mächtige Passagierdampfer. Die größere und massivere Galaxie ist unter dem Namen *NGC* 2207 katalogisiert, während die kleinere rechts IC 2163 heißt. Gewaltige Gravitationskräfte haben die Form der kleineren Galaxie so beeinflusst, dass Sterne und Gasfilamente sich über 100 000 Lichtjahre ausdehnen. So schön können kosmische Kollisionen sein! Die Galaxien werden sich über lange Zeit durchdringen, um letztlich gemeinsam eine große Galaxie zu formen.

„Abbild für Schönheit und Eleganz der Kräfte im Universum."

Kaulquappe – Skulptur aus Gas und Staub

In rund 420 Millionen Lichtjahren Entfernung treffen wir dieses ungewöhnliche Gebilde im Sternbild Drachen an. Seine bizarre Form wird auf die Kollision mit einer kleinen, bläulich leuchtenden Galaxie zurückgeführt, die noch links im oberen Bogen der Kaulquappe zu sehen ist. Aus der Wechselwirkung der Gravitationskräfte soll sich dieser elegante Schwung mit 280 000 Lichtjahren aus Gas und Sternen ergeben haben, der dem Gebilde den Namen gab. Der Hintergrund des Bildes zeigt noch rund 6 000 weitere Galaxiensysteme.

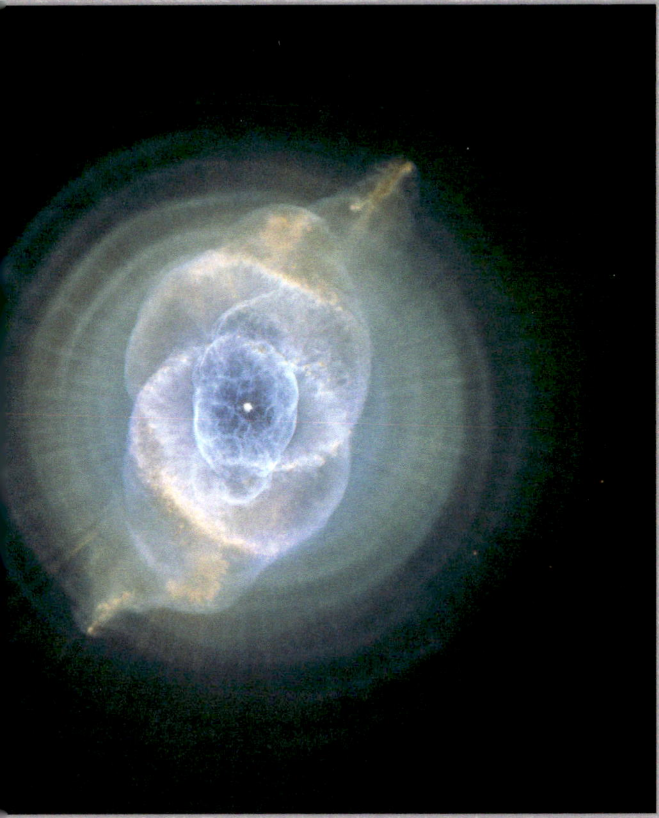

Ebenfalls im Sternbild des Drachen stoßen wir auf das Katzenauge, ein Stern mit Alterserscheinungen: Der zwiebelförmige Aufbau seines Äußeren mag von periodischen Gasausstößen stammen, die in 1 500-jährigen Zyklen stattfinden – Zeichen seines „nahen" Endes. Sie sind bislang nicht verstanden, so wenig wie die beiden diametral verlaufenden Jets quer durch das Objekt mit ihren komplexen Verwirbelungen.

Kapitel 2

Szenen unserer Milchstraße

2

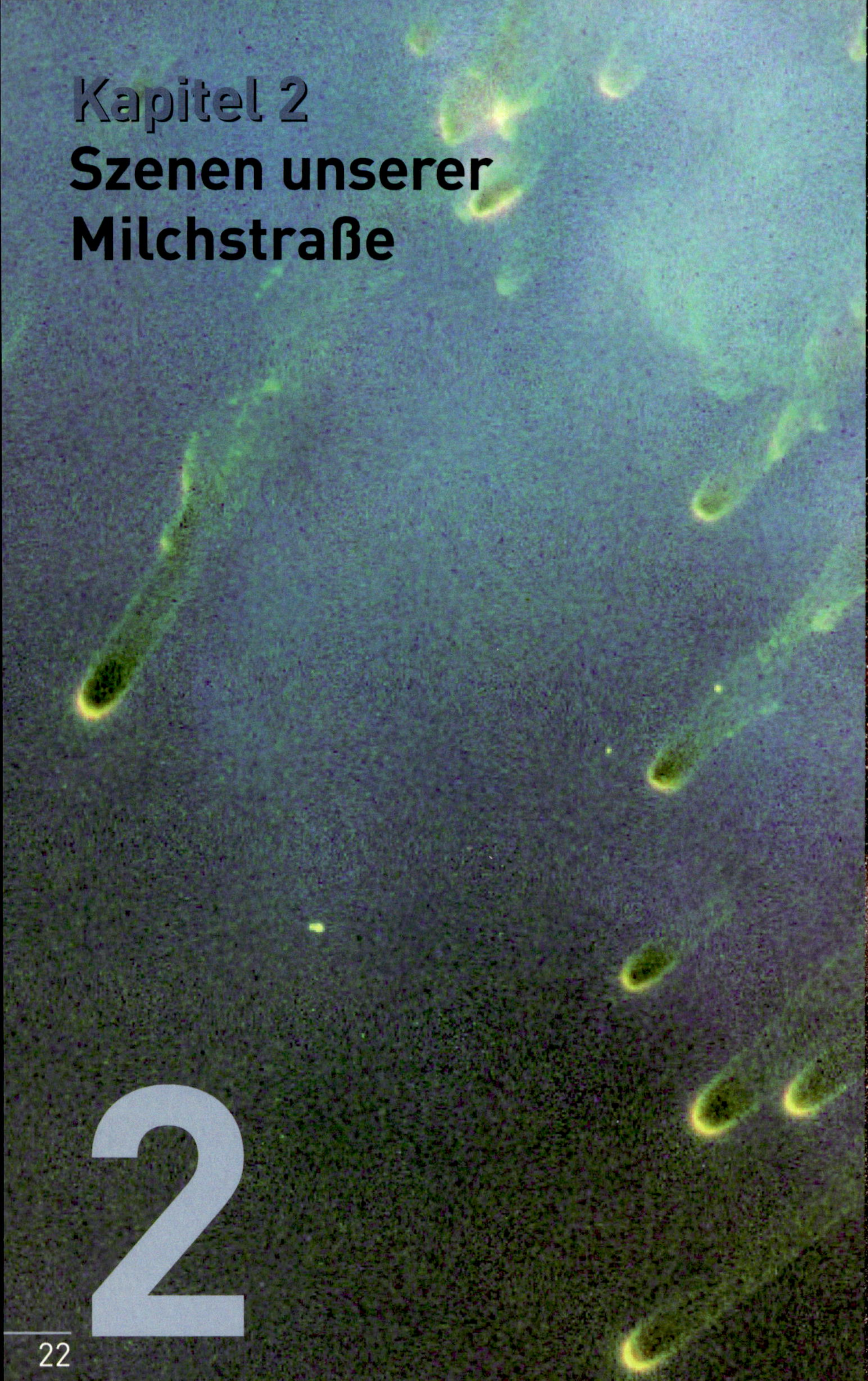

Lobt ihn,
ihr leuchtenden Sterne!

Psalm 148,3b

Konus-Nebel – Thron Gottes

Durch die hochenergetische Strahlung junger Sterne, die außerhalb über dem Bildausschnitt stehen, wird dieser Konus geformt, woher er auch seinen Namen hat: Konus-Nebel oder im Fachjargon NGC 2264. Gas und Staub werden so im Laufe der Zeit wegerodiert. Der Konus ist etwa 2,5 Lichtjahre groß, was immerhin rund 23 Millionen Rundtrips zum Mond entspricht. Das Gebilde befindet sich in einer Entfernung von rund 2500 Lichtjahren im Sternbild Monoceros, zu Deutsch Einhorn.

Insgesamt ist die Säule etwa sieben Lichtjahre mächtig. Die Szene erhält ihren roten Grundton durch die Wechselwirkung der Ultraviolett-Strahlung mit dem Wasserstoff.

In Anlehnung an ein Wort aus Matthäus 5,34-35 ist die Szene unter den Astronomen auch als Thron Gottes bekannt, wo der Himmel als Thron Gottes und die Erde als Schemel seiner Füße bezeichnet werden.

„Das Universum ist ein Gedanke Gottes."
Friedrich von Schiller

Adler-Nebel - Kinderstube der Sterne

Fast zehn Lichtjahre ragt die Säule aus Gas und Staub im Adler-Nebel auf. Das kleine Bild zeigt eine weitere Einzelheit in diesem Nebel. Sterne im Adler-Nebel entstanden in einer gewaltigen Wasserstoffwolke, die in eine chaotische Nachbarschaft eingebettet ist. Der Turm mag dabei so etwas wie ein Brutkasten für neugeborene Sterne aus verdichtetem Gas sein.

Intensives ultra-violettes Licht von einer Gruppe massiver, heißer, junger Sterne über dem oberen Rand des Bildes erodiert die Gassäule und gibt ihr die dynamischen Konturen. Ihr Licht taucht die Szene in ein malerisches Licht, in dem die Gassäule majestätisch kontrastiert.

Krebs-Nebel - Strukturen einer Sternleiche

Diese Sternexplosion im Sternbild Stier wurde 1054 von chinesischen Astronomen entdeckt. Noch heute bietet sie einen faszinierenden Anblick bizarrer Gasstrukturen, deren Filamente aus Resten des Sterns bestehen.

Ein schnell rotierender Neutronenstern im Zentrum des Krebs-Nebels – siehe Insert – ist ein dynamoähnliches Gebilde, welches für das bläuliche Glühen des Gases sorgt. Es kommt von den Elektronen, die nahezu mit Lichtgeschwindigkeit um die Magnetfeldlinien des Neutronensterns schwirren. Der Neutronenstern ist der hochverdichtete Kern des explodierten Sterns.

Spiralgalaxie – Staubige Angelegenheit

Die Spiralgalaxie M82 im Sternbild Großer Bär in einer bislang nicht dagewesenen Bildkomposition. Diese Multispektralaufnahme entstand aus einem Komposit von drei Bildern der besten Teleskope im Weltraum: Hubble-Weltraumteleskop im optischen Bereich (orange bis gelb-grün), Chandra im Röntgen- (Blautöne) und Spitzer im Infrarotbereich (Rottönung).

Auf den Bildern im optischen Bereich war bislang nur ein heller Streifen vor schwarzem Hintergrund zu erkennen; siehe unten. Diese Aufnahme brachte *Messier* 82 den Spitznamen Zigarrengalaxie ein. Neuere Aufnahmen zeigen, dass M82 mitnichten zigarrenförmig ist, sondern über Spiralarme verfügt – ähnlich wie unsere Milchstraße.

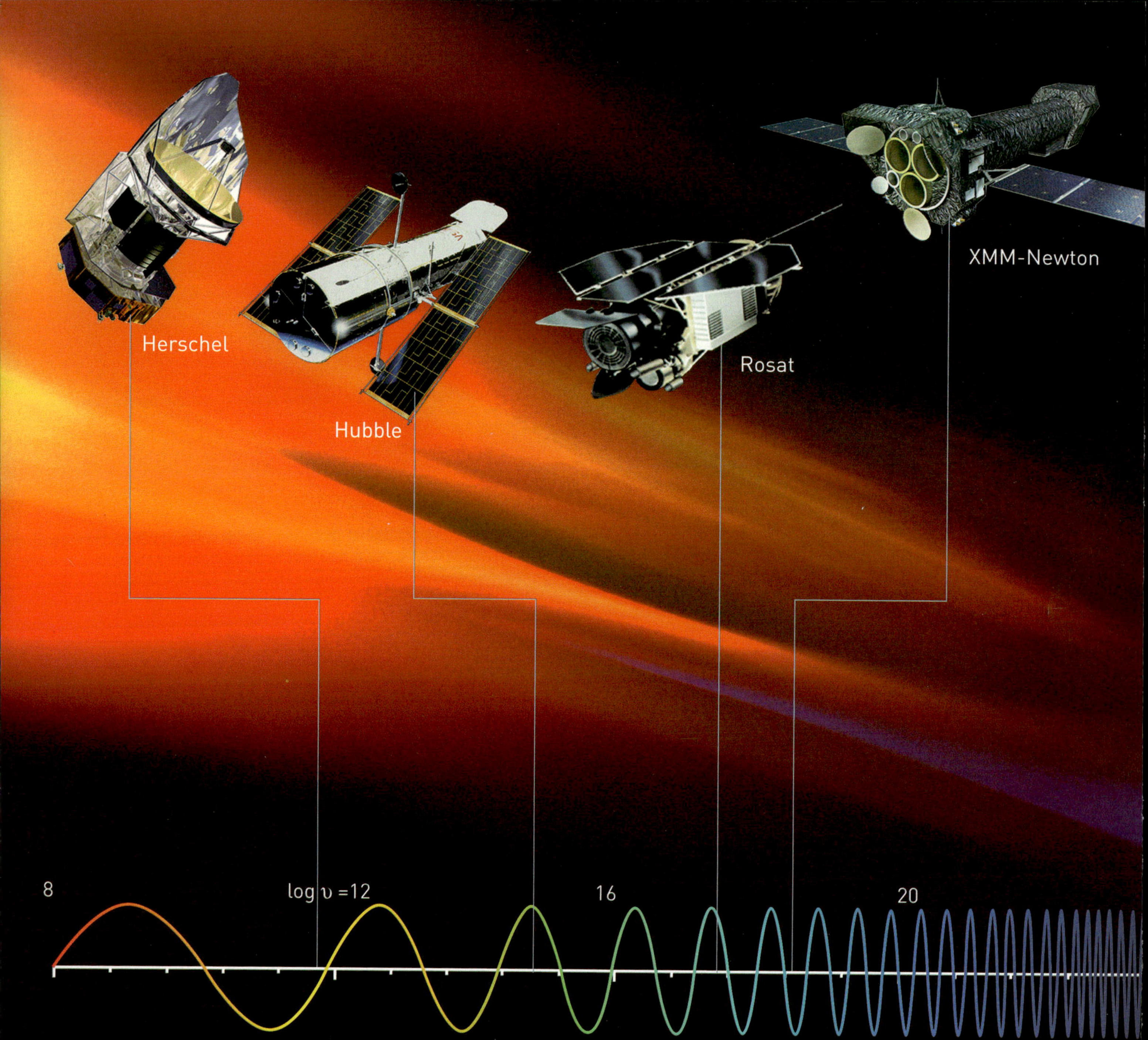
Herschel
Hubble
Rosat
XMM-Newton
8
log υ =12
16
20

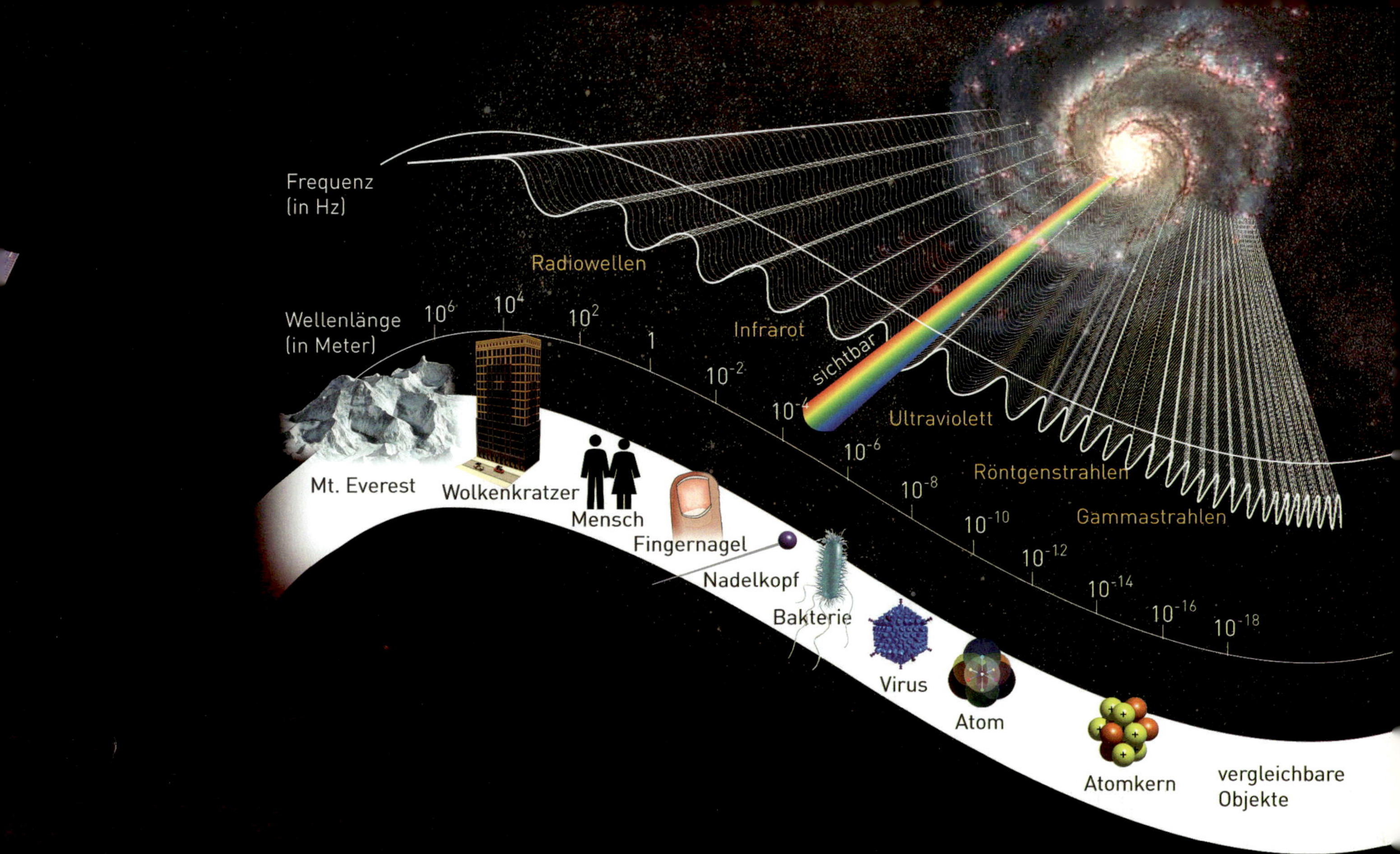

Elektromagnetisches Spektrum – Im Visier der Technik

Wegen der Bedeutung simultaner multispektraler Beobachtungen im Weltraum sind unterschiedliche Projekte parallel in Betrieb.

Die nächste Seite zeigt ein Beispiel. Im unteren Teil des linken Bildes ist schematisch das elektromagnetische Spektrum der Sterne abgebildet. Darüber werden Satelliten mit ihrem Messbereich gezeigt, die zusammen das gesamte Spektrum einigermaßen abdecken. Das Bild oben veranschaulicht die Verhältnisse anhand der Wellenlängen, deren Größenordnung durch die abgebildeten Objekte dargestellt ist.

Eta Carina – Raffinierte Tarnung

Es ist bemerkenswert, wie gravierend sich das Bild eines Objekts ändert, wenn es in unterschiedlichem Licht dargestellt wird. Links sehen wir den gesamten Nebel und dann einen seiner interessanten Sterne. Er ist in drei verschiedenen Spektralbereichen gezeigt.

Oben: im Röntgenbereich

Mitte: im optischen Bereich

Unten: im Infrarot-Bereich

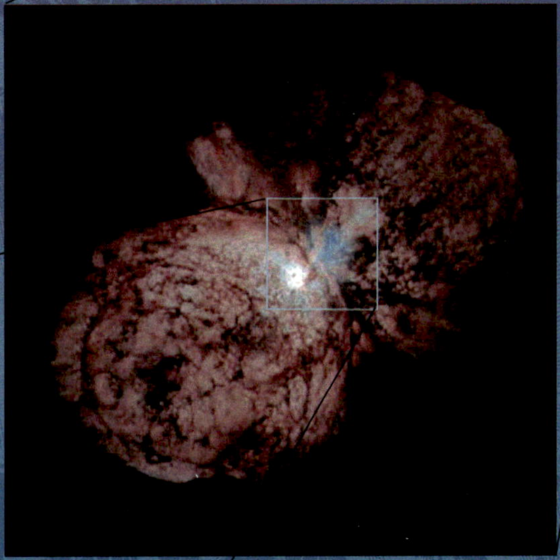

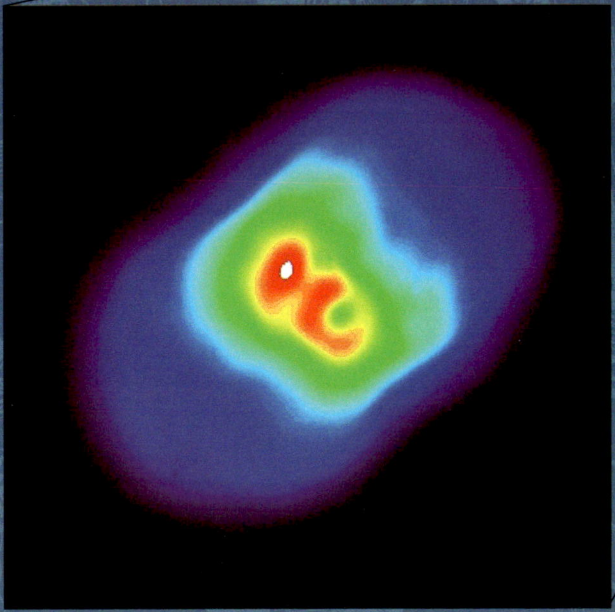

Monocerotis – Hellster Stern in unserer Galaxie

Im Jahre 2002 wurde dieser Stern 600 000-mal heller als die Sonne und wurde so zeitweise zum hellsten Stern in unserer Galaxie. Dieser mysteriöse Stern V838 Monocerotis bietet durch Reflexe des Lichtes im Innern der Staubhülle einen eindrucksvollen räumlichen Eindruck. Seine Position in unserer Milchstraße relativ zu unserer Sonne ist im Insert gezeigt. Die Entfernung beträgt 20 000 Lichtjahre.

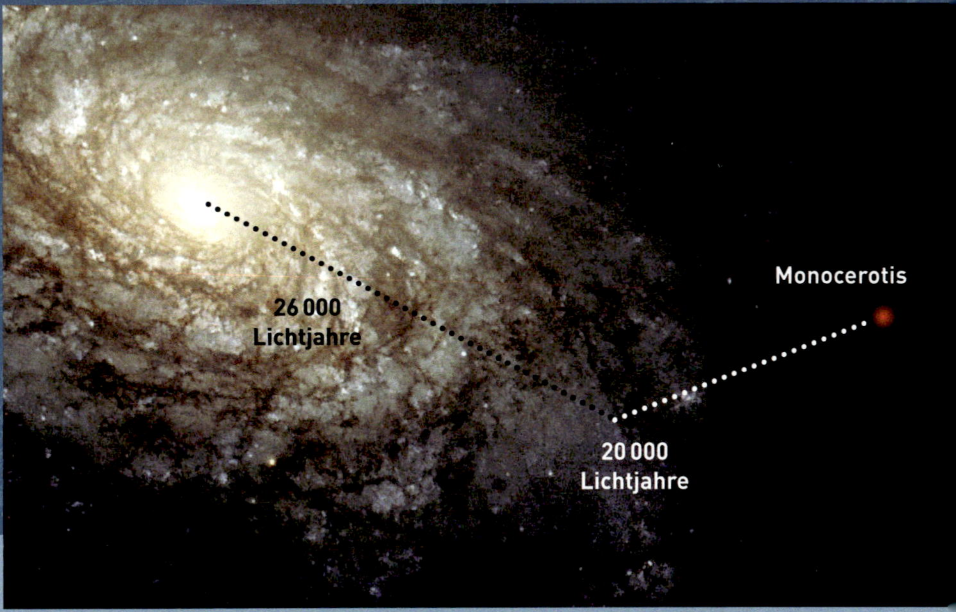

Orion-Nebel – Heimat der Trapezsterne

Dieses dramatische Hubble-Bild bietet einen Blick in eine himmlische Höhle aus verwirbeltem Staub und Gas, in der sich möglicherweise Tausende von Sternen formen. Mehr als 3 000 Sterne unterschiedlicher Größe erscheinen in dieser Szene des Orion-Nebels, die eine der schärfsten bisher aufgenommenen Bilder in diesem Bereich darstellt. Der helle Teil in der Bildmitte ist die Heimat der Trapezsterne, deren ultraviolettes Licht die Höhle in dieser Region immer weiter vergrößert. Daneben gibt es Sterne mit Staubscheiben, die als protoplanetare Scheiben angesehen werden und das Material für Planetenbildung sein können.

Der Orion-Nebel ist mit 1 500 Lichtjahren Entfernung das uns benachbarte Sternentstehungsgebiet.

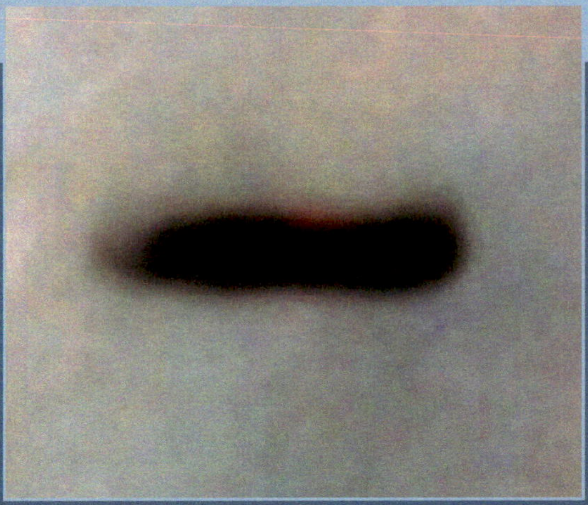

Orion-Nebel – Abstrakte Kunst

Abstrakte Kunst im Orion-Nebel. Jeder Künstler würde beim Anblick einer solchen Farbpalette auf seiner Leinwand erst einmal respektvoll zurücktreten und staunen. Man beachte auch die elegante Schockwelle oberhalb der Bildmitte, die der Stern LL Orionis in dem Wirbel von Gas und Staub bildet, der sich ihm vom Zentrum des Orion-Nebels entgegenstemmt.

Kreuz des Südens – Gleichnis am Himmel

Der offene Sternhaufen NGC 4755 ist etwa 5 000 Lichtjahre entfernt. Schon mit bloßem Auge ist eine Konzentration von Sternen am Himmel der südlichen Hemisphäre erkennbar. Im Fernglas oder noch besser im Teleskop bietet sich ein prächtiger Anblick von Sternen mit dem Licht der ganzen Farbpalette.

Das Kreuz des Südens ist ein kleines, aber auffälliges und sehr bekanntes Sternbild. Die vier hellsten Sterne bilden ein markantes Kreuz am Himmel. Es liegt inmitten des hellen Bandes der Milchstraße. Südlich unter dem linken Kreuzesbalken ist eine auffällige Dunkelwolke zu sehen, die wegen ihrer absorbierenden Wirkung Kohlensack genannt wird. Darüber ist ein kleiner, aber auffälliger offener Sternhaufen zu erkennen, dessen außergewöhnlich schönes Aussehen zu der Bezeichnung Schatzkästchen (Bild unten) führte. Nirgendwo sonst gibt es eine so markante Ansammlung von Rot-, Purpur-, Blau- und Gelbtönen.

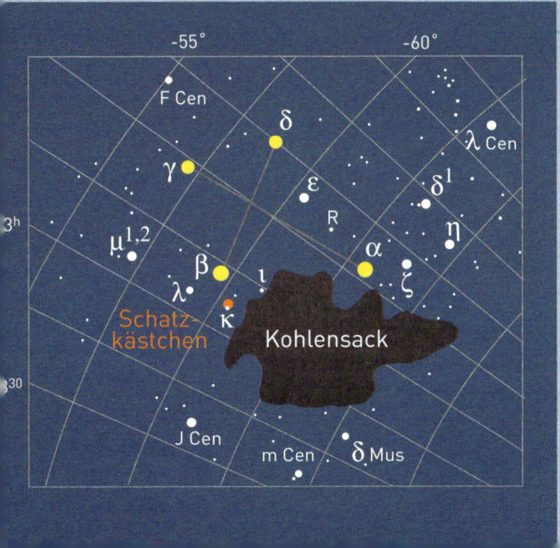

Im Zentrum der Bibel steht die Erlösung von Menschen durch das Sterben von Jesus am Kreuz. Könnte es sein, dass der Schöpfer das Symbol des Kreuzes bereits in seine Schöpfung als markantes, unübersehbares Zeichen hineingelegt hat? Damit würde das Schatzkästchen den Himmel und der Kohlensack die Hölle symbolisieren. Man bedenke nur, wie nahe die beiden Schächer neben Jesus auf Golgatha dem Himmel bzw. der Hölle waren. Was sich real auf der nördlichen Hemisphäre zugetragen hat, ist jede Nacht an der südlichen Hemisphäre zeichenhaft am Abendhimmel zu sehen.

Kapitel 3
Das neue Bild unserer Planeten

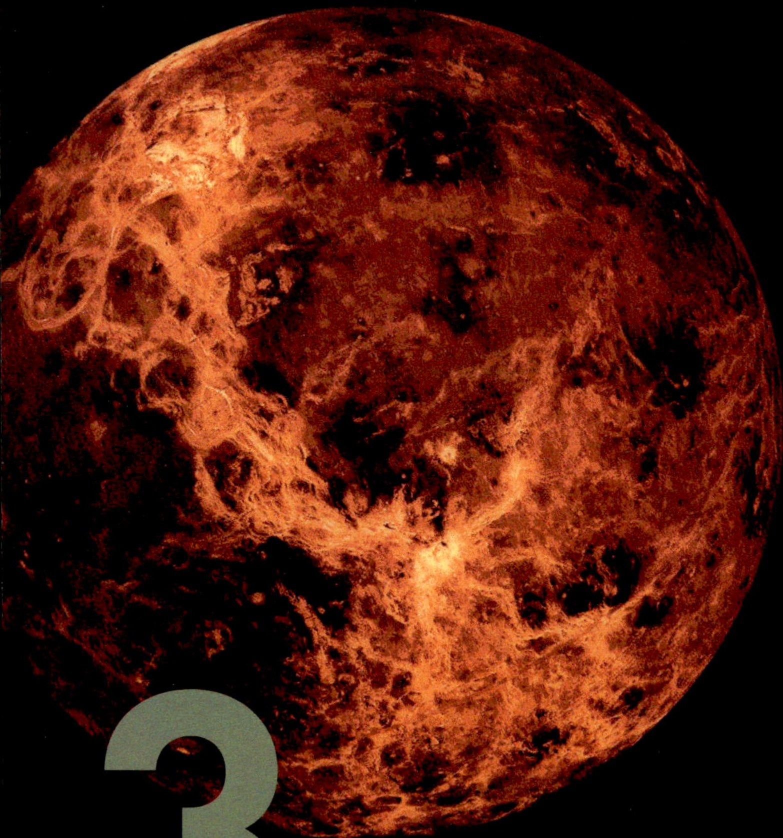

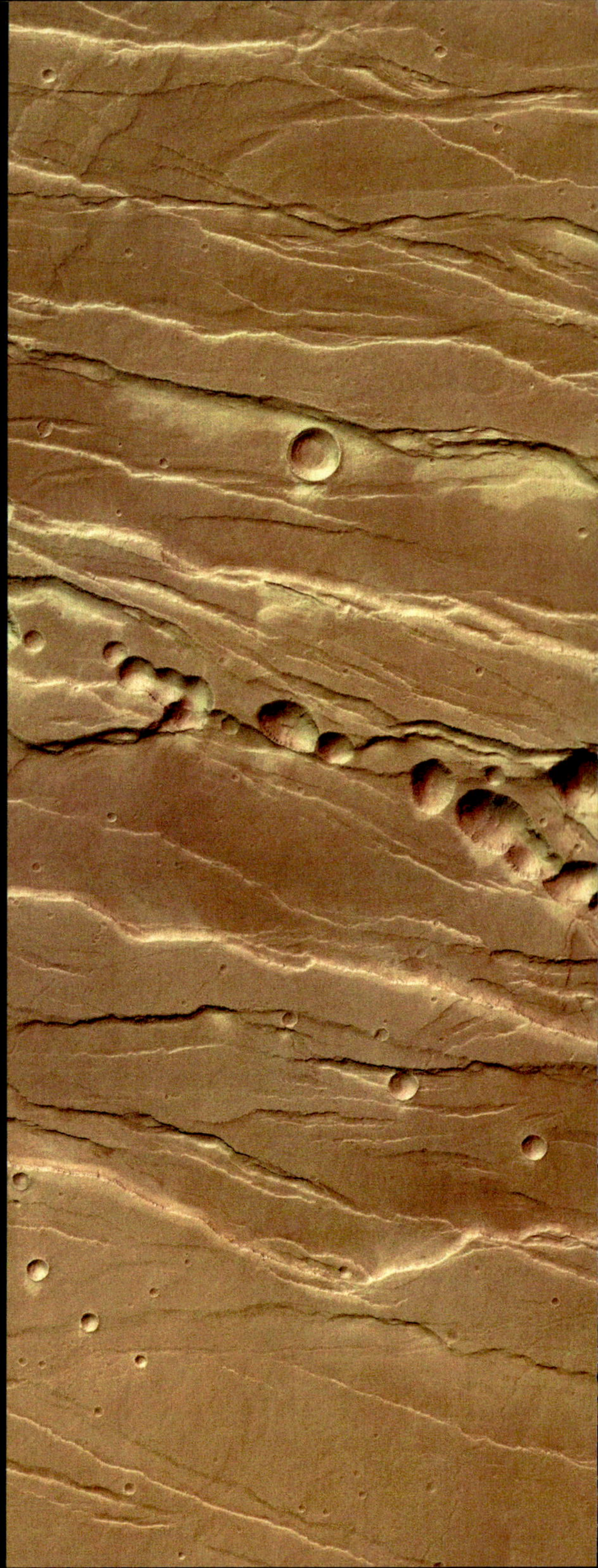

3

Lobt ihn,
Sonne und Mond!

Psalm 148,3a

Sternspuren – Lichtbögen am Himmel

Sichtbares Abbild der täglichen Bewegung der Erde sind Strichspuren von Sternen auf Langzeitaufnahmen Richtung Nordpol. Zur Erklärung der Dynamik von Himmelskörpern haben Generationen von Astonomen peinlich genau die Bewegungen aufgezeichnet und z. B. Modelle mit transparenten Kristallsphären mit der Erde in ihrem Mittelpunkt entworfen. Es gab viele Verirrungen, und auch wir Heutigen sind davon nicht verschont. Dessen ungeachtet drehte sich die Erde durch die Jahrtausende hindurch – trotz gegenteiliger Meinungen von Philosophen, Päpsten, Wissenschaftlern und Dichtern – immer um die Sonne.

Ein Fischaugenfoto ohne Störung durch Hintergrundlicht von einer einsamen Pazifik-Insel aus aufgenommen. Von links nach rechts sieht man unter anderem Sagittarius mit dem Milchstraßenzentrum, das Kreuz des Südens und Eta Carina – natürlich alles durch die Erdrotation etwas verfremdet – aber reizvoll.

**„Sieh hinauf
zu den Sternen
am Himmel.
Kannst du sie zählen?“**
1. Mose 15,5

Sonne
Merkur
Venus
Erde
Mars
Jupiter
Erde

Planetensystem – Himmlische Ordnung

Planetenbahnen liegen nahezu in einer Ebene, Planeten rotieren im gleichen Umlaufsinn um die Sonne und um ihre eigene Achse – bis auf zwei Ausnahmen, die wir meinen zu verstehen. Und selbst die Abstände von der Sonne folgen einer strengen mathematischen Reihe.

Auf den ersten Blick erscheint die Erde im Planetensystem einen Nebenschauplatz einzunehmen. Erst ein genaueres Hinsehen lässt die Raffinesse erkennen: Die Erde befindet sich mit ihrer Bahn inmitten des Grüngürtels der Sonne. Weiter innen wäre es zu heiß, um zu leben, weiter außen zu kalt.

Die Sonne ist unser nächster Stern – eine entscheidende Größe zum Erhalt des Lebens. Die NASA-Sonnensonde Trace hat uns diese ungewöhnliche Szene geliefert. Im Bild ist der Sonnen-„Rand" zu sehen, aus dem gewaltige Magnetfeldschleifen herausragen, deren Fußpunkte Sonnenflecken sind. Die Magnetfeldschleifen werden sichtbar durch elektrisch leitendes Gas, das an ihnen entlanggeführt wird. Zum Größenvergleich ist die Erde eingebaut. Raumsonden ermöglichen uns unverschämt tiefe Einblicke in das Geschehen. Das untere Bild zeigt Einzelheiten der Sonnen-„Oberfläche".

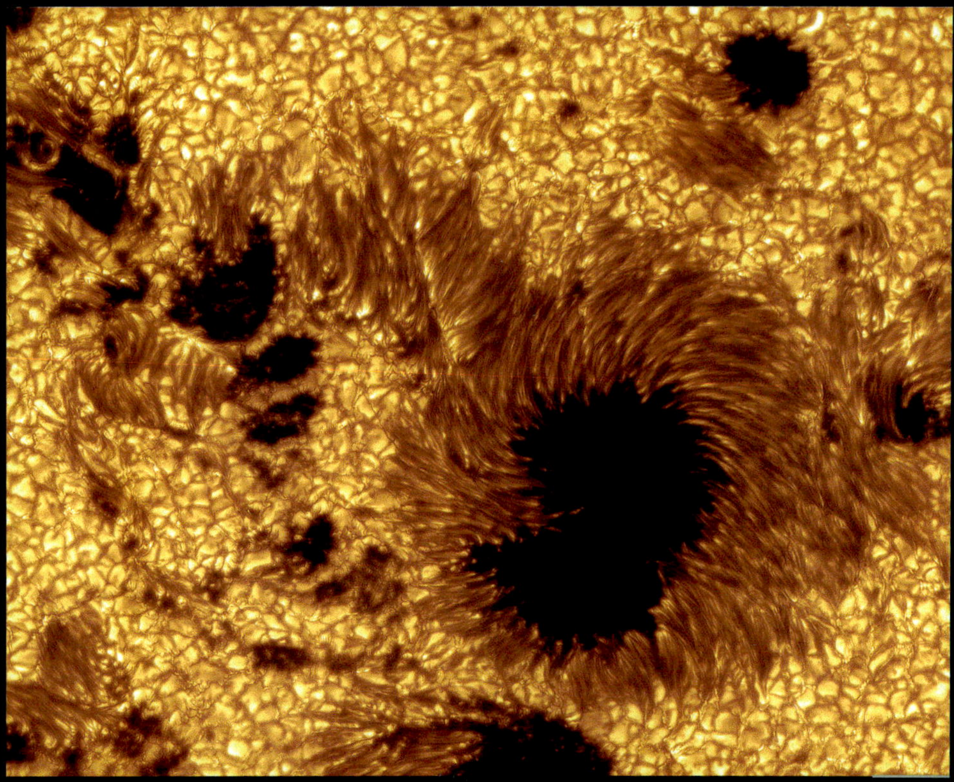

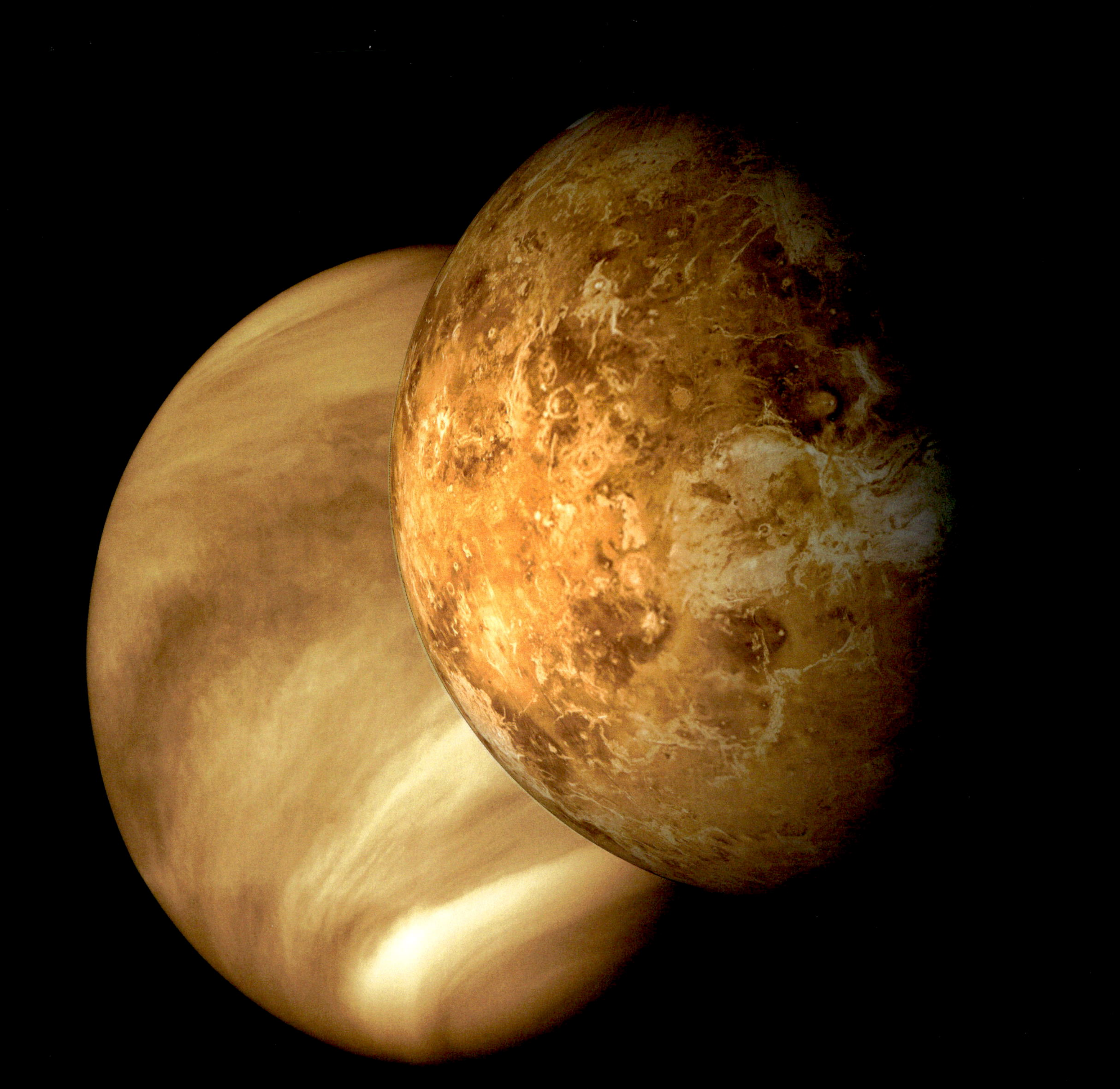

In der Nachbarschaft zur Sonne haben wir die Venus als Schwesterplanet zur Erde. Allerdings ist sie mit rund 450° C Oberflächentemperatur eine unausstehlich heiße Hölle. Möglicherweise ist früherer Vulkanismus eine Ursache für ihr Schicksal. Jedenfalls ist ihre treibhauswirkende Atmosphäre mit hohem Anteil von Kohlendioxid zusammen mit Schwefelsäuretröpfchen ein idealer Blocker für Wärmestrahlung, die deshalb nicht mehr entweichen kann.

Ohne diese Treibhausatmosphäre hätten wir aufgrund des Abstandes zur Sonne rund 50° C Oberflächentemperatur zu erwarten. Man kann verstehen, weshalb sich Wissenschaftler wegen der Fieberkurve unseres Planeten große Sorgen machen. Die Venus und die Erde sind zwei gleich alte Planeten mit einer ähnlichen Frühgeschichte. Der eine ist heute ein höllisches Inferno, der andere trägt Leben.

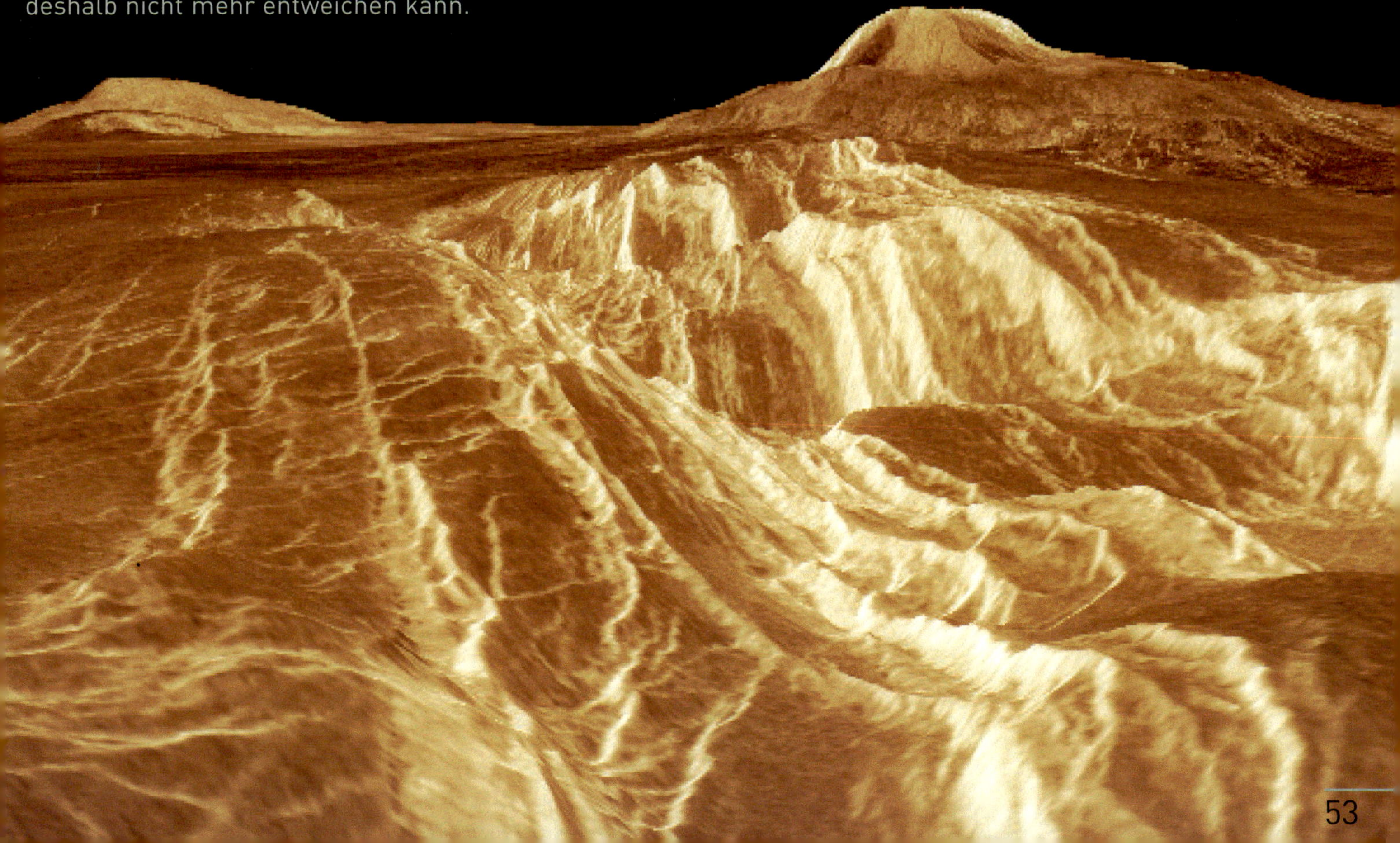

„Solange die Erde steht,
soll nicht aufhören Saat
nd Ernte, Frost und Hitze,
Sommer und Winter,
Tag und Nacht.“
1. Mose 8,22

Erde – Kosmische Heimat

Das ist der blaue Planet auf schwarzem Samt: unsere kosmische Heimat. Neben den hellen Wolken und dem Blau der Ozeane erkennt man das gelbliche Grün der Steppen und Wälder. Links im Bild ist das Mittelmeer zu sehen, an dessen Küsten eine der ersten Hochkulturen entstand. Aber man sieht nichts von uns Menschen. Nichts von unserer Arbeit, nichts von unseren Maschinen, nichts von Ländergrenzen und Stacheldraht. Wir Menschen mit allem, was zu uns gehört, sind viel zu klein, um von einer Raumsonde, die zwischen Erde und Mond aufgehängt ist, wahrgenommen zu werden. Aus der Sicht dieses Bildes sind wir Menschen – wir Erdkrustenbewohner – verschwindend kleine, in jedem Fall unbedeutende Lebewesen, die auf einem Gesteins- und Metallbrocken einsam in den Weiten des All treiben. Ist es da nicht ernüchternd, dass über den atmosphärischen Methangehalt die Verdauungsgewohnheiten von Wiederkäuern ermittelt werden können? Da unsere Satelliten auch Meeresströmungen, Bodenerosion, Ozonloch, sauren Regen etc. vermessen, sorgen sie gleichsam für die Hygiene unseres Planeten.

Rechts zeigt sich in einer Aufnahme von der Raumsonde Clementine ein nahender „Weltuntergang“ hinter dem Mondhorizont.

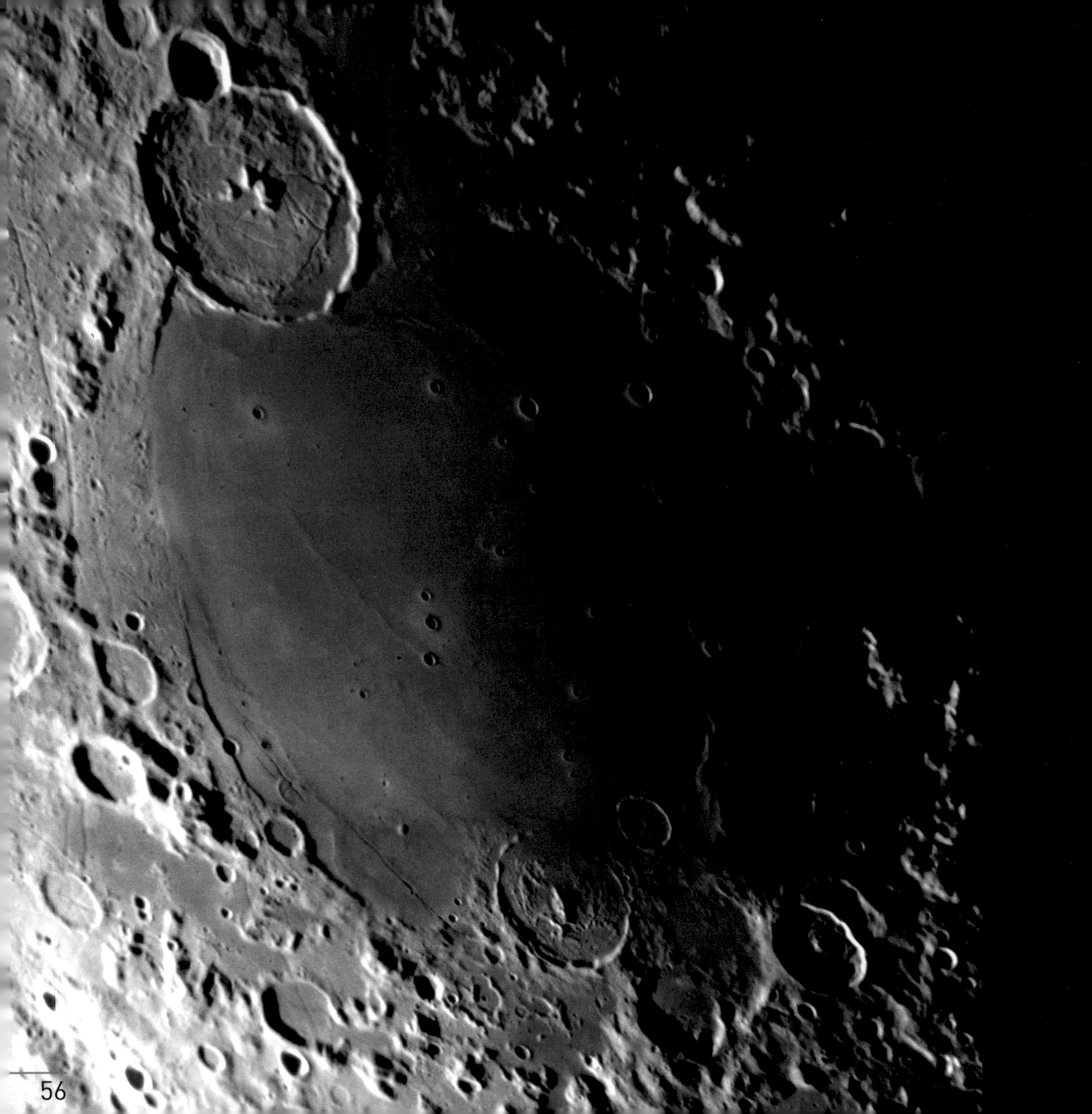

Mond – Kupferne Funzel

Eine Szene von unserem Erdmond – vom ESO-Observatorium auf La Silla aus aufgenommen. Mit einer Auflösung von 470 Meter pro Bildelement zeigt sich hier das Gebiet um das Mare Humorum im südöstlichen Quadranten mit dem Krater Gassendi im oberen Teil des Bildes.

Nach den Plänen der NASA soll der Mond in Zukunft der Menschheit als Außenposten dienen, um ihre Ausbreitung in den Weltraum einzuleiten.

20 km

Mars – Erstarrte Welten

Mars ist im Gegensatz zur Venus unser kalter Nachbar. Er begrenzt den Grüngürtel unseres Planetensystems, in dem die Erde an günstigem Platz ihre Kreise zieht, nach außen.

Obwohl Mars wesentlich kleiner ist als die Erde, haben wir hier die auffälligsten topografischen Unterschiede: Mit rund 27 000 Metern ist der Schildvulkan Olympus Mons der höchste Berg im Planetensystem. Daneben befindet sich eine gewaltige Narbe im Äquatorbereich des Planeten: die Valles Marineris. Ihre Kontur ist so ausgeprägt, dass der Querschnitt des Grand Canyon kaum mehr als eine Oberflächenrauigkeit auf ihrem Profil darstellen würde.

Geologen nennen gerne Grabensysteme in Verbindung mit Wassererosion als Ursache. Da aber Mars (heute) an der Oberfläche ein staubtrockener, vor Kälte erstarrter Planet ist, muss der Frage nach Wasser(eis) auf Mars nachgegangen werden.

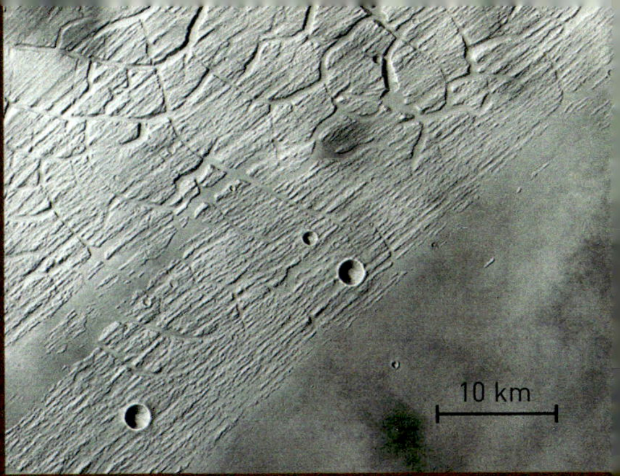

Wenn der Eindruck nicht täuscht, ist links der erste jenseits der Erde entdeckte Gletscher abgebildet: An den Steilwänden der Berge ist Schnee abgerutscht und hat sich im ersten Becken gesammelt. Nach dessen Überlauf floss es in ein weiteres Becken. Der Gletscher ist nicht direkt sichtbar, weil er durch die allgemein auf Mars vorhandene Staubschicht bedeckt und dadurch konserviert ist. Ohne es direkt nachgewiesen zu haben, erwartet man, dass das Grundmaterial dieses Phänomens Wassereis ist. Das Schollenfeld (Bild oben) mag ein weiterer Hinweis auf die Frage nach Wassereis auf dem Mars sein.

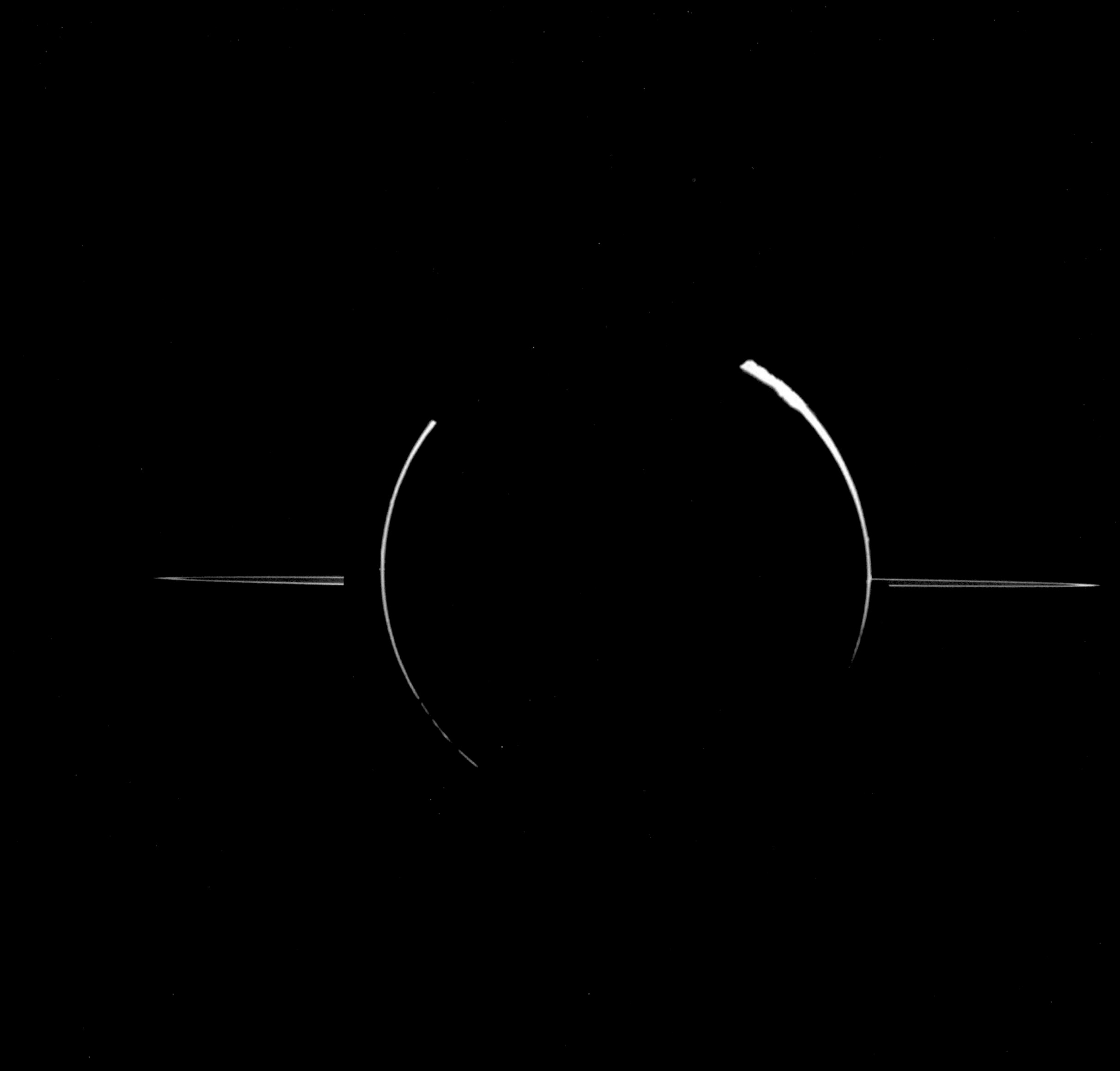

Jupiter – Gigant im Planetensystem

Jupiter ist der bei weitem größte Vertreter im Planetensystem. Wäre er noch größer, hätte er eine Nebensonne geben können. Er fällt bereits in einem kleinen Teleskop durch seine ausgeprägten äquatorparallelen Streifen seiner Atmosphäre auf. Die dominante Struktur seiner turbulenten Atmosphäre ist der Große Rote Fleck, ein Wirbelsturm von der Ausdehnung von zwei bis drei Erddurchmessern. Windgeschwindigkeiten liegen bei 500 km/h. Das linke Bild zeigt nur sein Schattenbild, das den von Voyager entdeckten Staubring zusammen mit dem Planetenkörper als Kunstwerk bestens zur Geltung bringt.

Io & Enceladus – Im Würgegriff der Gravitation

Io hat überrascht: Als relativ kleiner Körper im Planetensystem sollte er schon lange erstarrt und ein relativ langweiliger Mond sein. Nun hat sich neben seiner auffälligen Farbe herausgestellt, dass er vulkanaktiv ist. Er ist dabei so aktiv, dass seine Oberfläche alle paar Hundert Jahre neu zu kartografieren ist. Die mit großer Geschwindigkeit ausgeschleuderten Teilchen finden sich wahrscheinlich teilweise wieder in Jupiters Ringsystem. Io, eine kleine, bunte Welt voller Schwefelvulkane.

„Io ist das irrwitzigste Objekt, das wir je sahen."
Larry Soderblom

Aber nicht nur Io hat Überraschungen bereit. Auch der Saturnmond Enceladus zeigt Aktivität.

Ähnlich einem kleinen Kometenschweif prägt sich an einem Ende eine *Sublimation* von Eis aus. Nähere Untersuchungen der Mondoberfläche zeigten ein vielverzweigtes Grabensystem.

Wie nun Temperaturmessungen zeigten, ist die Oberfläche gerade im Bereich der Gräben um rund 15° C höher als in größerer Entfernung davon. Das legt die Vermutung nahe, dass Enceladus möglicherweise unter seiner Oberfläche flüssiges Wasser beherbergen könnte! Beide Effekte werden mit der großen Gravitation ihrer Planeten in Verbindung gebracht.

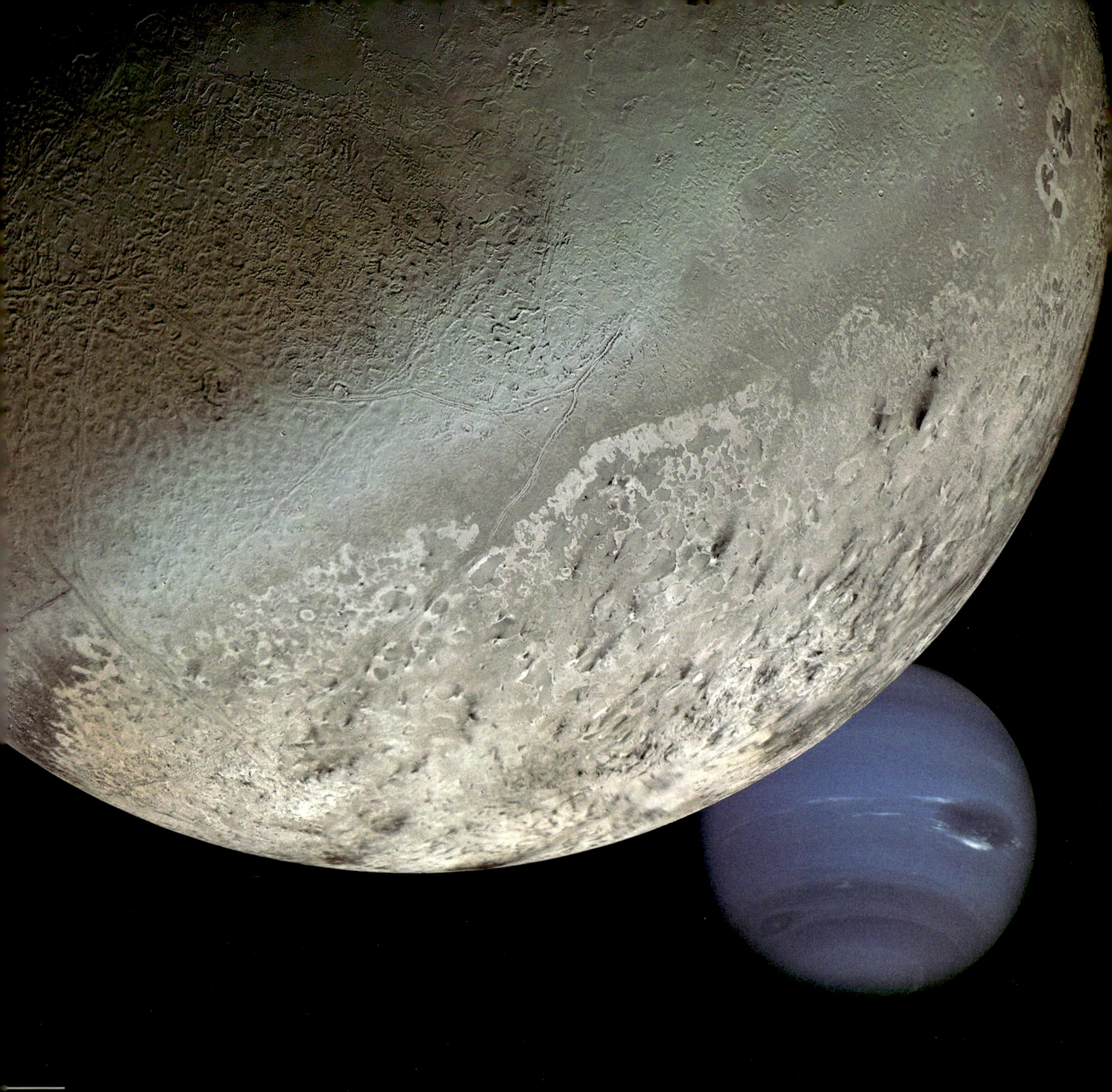

Neptun und Triton – Ungewöhnliches Paar

Um noch einen weiteren Beleg für Besonderheiten in der Mondwelt unserer Planeten zu nennen, wird hier der größte Mond des blauen Neptun gezeigt, nämlich Triton. Neben seinem bemerkenswerten Farbenspiel fallen zwei weitere Facetten auf: die relativ unstrukturierte Nordhälfte des Mondes und dunkle, längliche Schmauchspuren im hoch strukturierten südlichen Bereich. Die Erklärung für Letzteres ist, dass der durch „Gravitationsheizung" erzeugte Druck im Innern des Mondes eine Art Geysir ausbildete und dabei Material aus der Tiefe mitriss. Dies wurde an der Oberfläche abgelegt. Damit haben wir eine Art „Eisvulkanismus" am äußeren Rand unseres Planetensystems, der durch Stickstoff oder Methan betrieben wird, während wir bei Io einen Schwefelvulkanismus entdeckten. Beides ein aufregendes, unerwartetes Schauspiel und ein untrügliches Zeichen für eine bunte Vielfalt im Planetensystem.

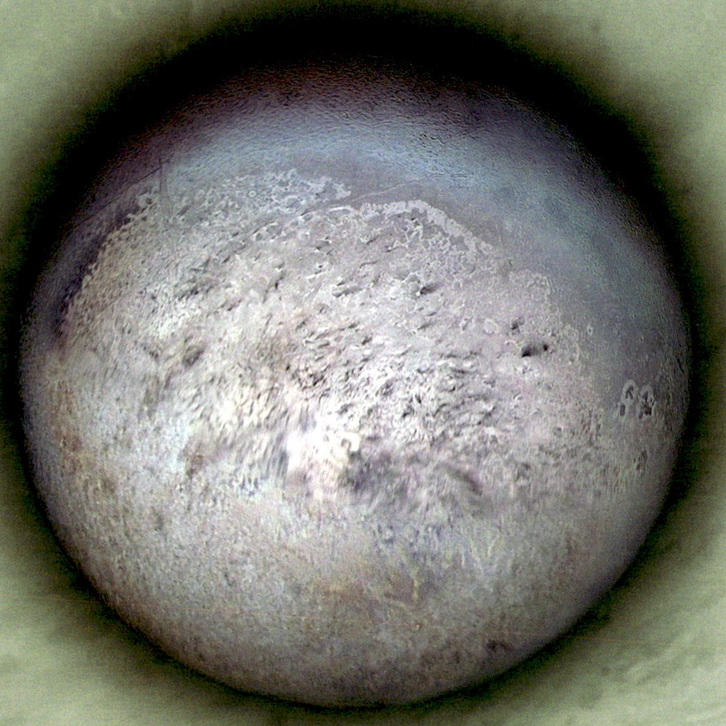

Cassini-Huygens – Am Cape Canaveral

Künstlerische Darstellung der Ankunft von Cassini-Huygens am Saturn nach einer 7-jährigen Reisezeit im Juli 2004.

Die europäische Atmosphärensonde Huygens wird während eines Vibrationstests auf ihre Aufgabe vorbereitet, den nur durch eine grobe, globale Charakterisierung bekannten Saturnmond Triton zu besuchen. Sie soll in seine dichte Atmosphäre eintauchen und auf seiner unbekannten Oberfläche landen. Man hat selbst das Abtauchen in einen Methansee einkalkulieren müssen.

Die europäische Huygens-Sonde flog Huckepack auf der amerikanischen Cassini-Sonde mit. Die unten stehende Bildfolge entstand während der Integration am Weltraumbahnhof Cape Canaveral in Houston, Texas.

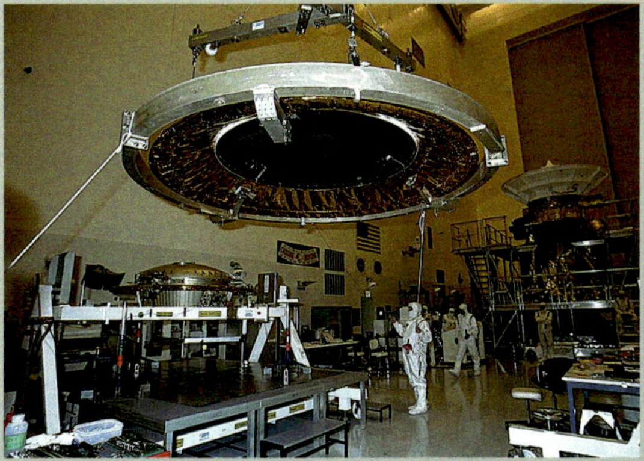

Saturnwelt – Zernarbte Monde

Ein gelungenes Porträt aus Licht und Gravitation: Der Saturnmond Dione steht vor dem Saturn, auf dessen Oberfläche der Schattenwurf des Staubrings messerscharf abgebildet wird. Der Blick der Cassini-Kamera erfolgt nahezu in der Ebene des Staubrings.

Der unverschämt scharf abgebildete Mond Phoebe, dessen Oberfläche bizarre Einzelheiten mit einer Auflösung von bis zu 70 m offenbart, sieht so aus, als sei er gerade noch einer planetaren Abrissbirne entronnen.

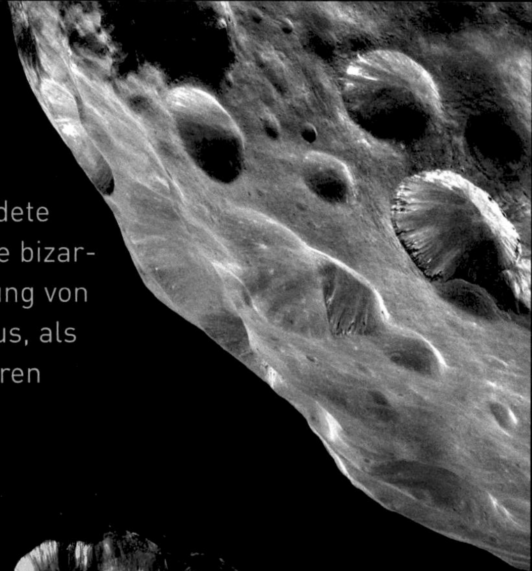

Titan – Porträt einer lebensfeindlichen Welt

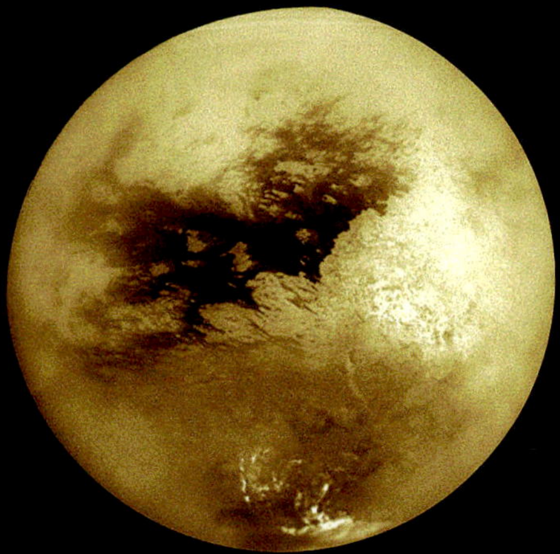

Je näher das Absetzen von Huygens rückt, umso mehr Einzelheiten müssen die Wissenschaftler Titan noch abjagen, um einen Erfolg für Huygens sicherzustellen. So wurde am 26. Oktober 2004 aus einem Mosaik von neun Szenen das bisher detailreichste Porträt von Titan erreicht. Auflösung bis 2 Kilometer/Pixel (Bild links oben).

Das war das beste Bild vor dem Absetzen der europäischen Huygens-Sonde.

Die Aufnahme unten eines stratosphärischen Dunstes um einen in gelblichem Licht weich leuchtenden Titan stammt von Cassinis erstem Vorbeiflug am 29. Juli 2004. Weitere Details einer komplex geschichteten Stratosphäre zeigt der Ausschnitt unten.

Noch weiß man von Titan nicht mehr, als dass er sich geheimnisvoll gibt.

Die Dramaturgie des Eintauchens in diese fremdartige Welt beginnt.

Huygens hat sich am 24. Dezember 2004 erfolgreich vom Mutterschiff Cassini gelöst und wurde zwölf Stunden später auf seinem Weg zu Titan von Cassini fotografiert. Ein Künstler hat im Bild unten versucht die lebensfeindliche Beschaffenheit von Titan darzustellen. Das große Bild zeigt bislang nie gesehene Einzelheiten der Titanoberfläche während des Abstiegs von Huygens und gibt einen besten Blick auf etwas, was auch von einem Anflug der Küste Irlands stammen könnte: hohe Gebirgszüge von Flusstälern durchschnitten – zusammen mit einer offenen „Küstenlinie".

Umgeben von gelblichem Licht, landete Huygens auf „feuchtem" Grund und übermittelte das Bild einer Landschaft mit Eis- und Gesteinsschollen.

Titan zeigt durchaus Konturen unserer Erde. Allerdings taugt er mit seiner Methanwelt nicht, um darauf zu leben.

Erde – Verlorenes Staubkorn im All

Die Voyager-Raumsonde hatte einen guten Teil ihres Weges komplikationslos – sozusagen auf Samtpfoten – durch das Planetensystem hinter sich, als sie einen Befehl von der Bodenstation erhielt, jenseits von Pluto einen vorsichtigen Blick Richtung Erde zu wagen. Mit großen Radioteleskopen auf der Erde konnte ihr Flüstern abgehört und das linke Bild erzeugt werden: die Erde aus 6 Milliarden Kilometern Entfernung, ein sub-Pixel großer Lichtpunkt, der im Sonnenlicht tanzt. Nie zuvor hat jemand die Erde als Punkt gesehen.

Jeder Mensch, den es je gab,
jeder Mensch, von dem wir je hörten,
lebte hier sein Leben.
Dies ist die Plattform für alle Freuden
dieser Erde und jedes Leid,
für Tausende von Religionen
und Ideologien, Jäger und Gejagte,
jeden Star und die vielen Vergessenen,
für jeden König und jeden Bettler,
jedes hoffnungsvolle Kind,
für alle Väter und Mütter,
für alle verliebten jungen Leute,
für alle Erfinder und Eroberer,
jeden Terroristen und korrupten Politiker,
für Sünder und Heilige in der
meist leidvollen Menschheitsgeschichte.
Sie alle lebten ihr Leben hier auf diesem
Staubkorn – aufgehängt in einem Teil
eines gleißenden Sonnenstrahls.

Kapitel 4
Am Morgen der Schöpfung

... denn sein
Befehl rief sie
ins Dasein.

Psalm 148,5b

Am Anfang schuf Gott Himmel und Erde …

Es werde Licht!

Licht war das erste Signal der Schöpfung. Dann kam der Mensch, der davon nicht genug haben konnte.

Lichtverschmutzung der Erde aufgenommen aus dem Weltraum. Die Satelliten-Nachtaufnahme zeigt die gesamte Erdoberfläche. Wir erkennen leicht die Metropolen, Industriehochburgen sowie Ballungszentren unserer Erde. Das hoch industrialisierte Japan mit seiner extremen Bevölkerungsdichte ist deutlich als längliches, lichtüberflutetes Gebilde zu erkennen. Oasen der Dunkelheit finden sich noch in Afrika, Australien und Südamerika.

Es werde eine Feste zwischen den Wassern …

Es lasse die Erde aufgehen Gras und Kraut …

Es werden Lichter an der Feste des Himmels ...

Der Mond ist in der Fantasie mancher Zeitgenossen nicht mehr nur die kupfern leuchtende Funzel am Nachthimmel, sondern der nächste logische Schritt zur Rettung der Menschheit. Leben auf der Erde ist zunehmend bedroht – durch den Menschen. Beispiele, wie ein genetisch erzeugtes Virus, ein Nuklearkrieg, globale Erwärmung etc., sind nicht frei erfunden. Wenn also die menschliche Rasse etwas zu ihrem Fortbestand tun will, kann sie sich – z. B. neuerdings auch nach Stephen Hawking – nur durch Ausbreiten im Weltraum in den nächsten 100 Jahren retten.

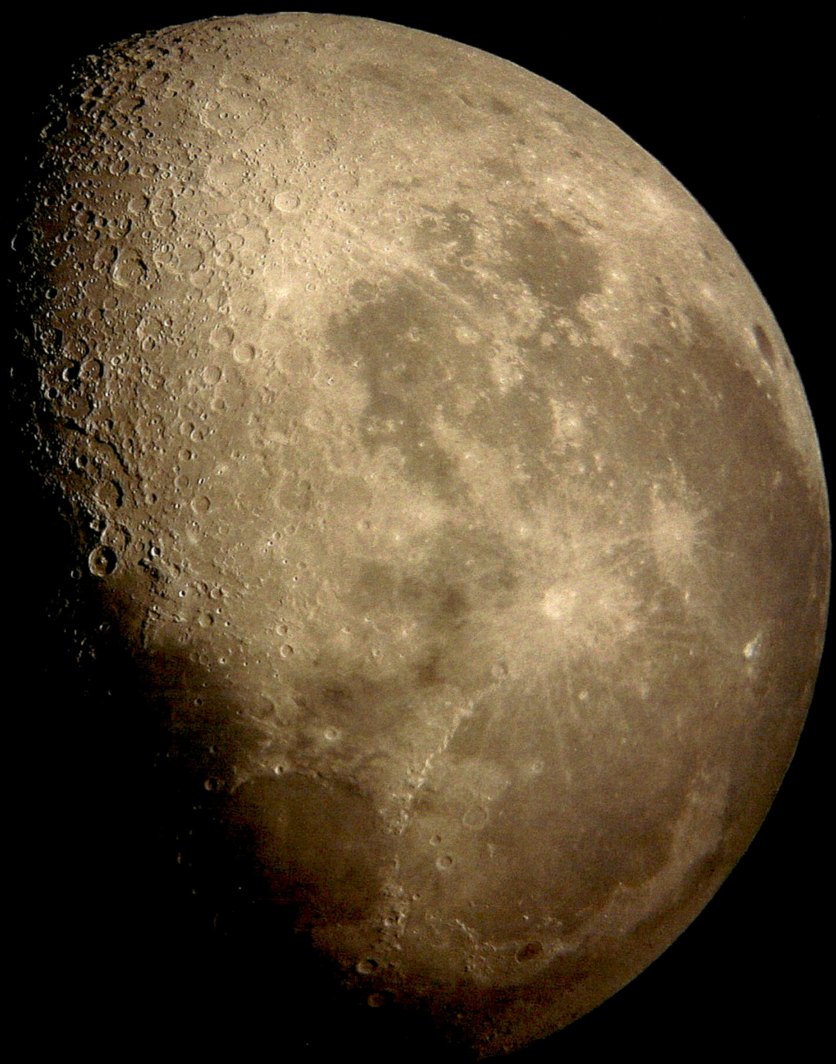

Es wimmle das Wasser von lebendigem Getier …

... und Vögel sollen fliegen ...

Gott schuf den Menschen zu seinem Bilde ...

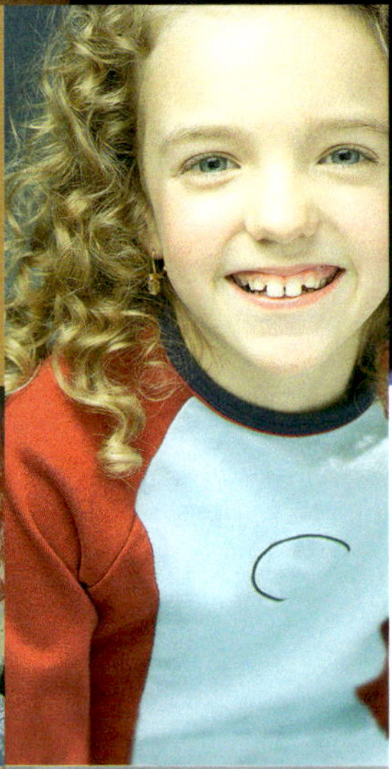

und mehret euch

... und heiligte ihn.

Jesus starb als Gesandter Gottes, so wie er gelebt hatte: mit offenen Armen. Er war Abbild des liebenden Vaters, Beispiel seines grundlosen Erbarmens. Damit ist der Mensch nicht mehr der Zigeuner am Rand eines wesenlosen Universums. Das macht ihn wieder zu dem, was er schon immer war: ein von Gott Angesprochener, sein Gegenüber. Damit bekommt ein aus astronomischer Sicht völlig bedeutungsloses Leben eine ungeahnte Qualität. Gott bietet mir das Du an; ich kann Vater zum ihm sagen.

„Man kann Gott mit dem Verstand suchen, aber finden wird man ihn mit dem Herzen."

Epilog

**„Gott gibt so viel Licht,
dass wer glauben will,
glauben kann,
und er lässt so viel im Dunkeln,
dass wer nicht glauben will,
nicht glauben muss."**
Blaise Pascal,
Mathematiker und Physiker

Weltbild und Naturbild

Heute unterscheiden wir zwischen Weltbild und Naturbild. Seit im *Naturbild* keine Wahrheit mehr gesucht wird, sondern der „nachprüfbare Weg zu bewährtem Wissen" die Maxime ist – also die „berechenbare Seite von Gottes Schöpfung" behandelt wird –, setzte insbesondere Werner Heisenberg diese Unterscheidung durch.

Die Leistungen, die zum Naturbild beitragen, sind nach wie vor beeindruckend – man hat immerhin Menschen zum Mond geflogen und gesund wieder zur Erde zurückgebracht. Aber sie sind nur ein Teil des Ganzen; das Weltbild befasst sich mit tieferen Fragen. Selbst eine angestrebte „Theory of Everything" könnte das Weltbild nie ersetzen.

In diesem Buch sind wir „nur" nach außen gewandert, in den Makrokosmos – die Welt des Großen. Eine ähnliche Tiefe tut sich bei einer Reise ins Innere der Materie, in den so genannten Mikrokosmos – die Welt des Kleinen – auf.[1]

Darüber hinaus gibt es zu viele Aspekte des Lebens, die sich vom nüchternen Wesen der Naturwissenschaft und ihrer mathematischen Sprache deutlich absetzen bzw. nicht ausdrücken lassen. Es existiert ein ganzer Kosmos der Gefühle, Empfindungen und Werte. Seine typischen Elemente sind Kunst,

Musik, Religion, Liebe und Hass, Hoffnung und Sorge etc.; aber auch alle Hypothesen der Naturwissenschaft finden in diesem Weltbild ihren Platz. Hier hat der Naturwissenschaftler nicht mehr zu sagen als jeder andere. Nicht einmal die Regeln der Logik gelten hier, und wahrscheinlich ist dieser Kosmos für Menschen wichtiger als der naturwissenschaftliche.

Gerade die Bemerkung bezüglich der Liebe als Element des Weltbilds hat einen Professor für Informatik irgendwo in unserer Republik nach einem meiner Vorträge im Studium Generale einer Hochschule zu der Bemerkung veranlasst, dass neueste neurologische Untersuchungen von Gehirnströmen z. B. die Frage nach dem Ursprung der Liebe und Emotionen aufgeklärt haben. „Damit müssen wir feststellen", so der Professor weiter, „dass immer mehr Terrain dem Naturbild einverleibt wird, bis es das Weltbild nicht mehr gibt." Ich bedankte mich für die „Steilvorlage", denn trotz aller Aufgeklärtheit bekennen auch heute noch coole, junge Leute ihre Liebe mit den einfachen Worten: „Ich liebe dich". Warum sagen die nicht einfach: „Hey, ich hab 'nen Strom für dich", was die konsequente Reaktion im Naturbild wäre. Das zeigt die unglaubliche, emotionale Tiefe, die ein Bekenntnis im Weltbild hat. Naturgesetze müssen wahrscheinlich als vom Menschen erfundene Hilfsmittel bezeichnet werden, um die Natur zu beschreiben und zu verstehen. Ihre mannigfaltigen Erscheinungen werden so auf einfache, handhabbare Regeln zurückgeführt. Mehr nicht. Sie taugen nicht als Ersatz für einen Schöpfer.

Wenn wir hier den (naturwissenschaftlichen Makro-) Kosmos betrachtet haben, dann haben wir dies als Grenzgänger getan. Die gegebenen Daten sind dem Naturbild entnommen. Wir staunen, wie selbst in einem unvollständigen Naturbild Wunder der Schöpfung als schöne, unglaublich komplex vernetzte und durch eine bemerkenswerte Feinabstimmung geprägte Aspekte unübersehbar aufscheinen, so wie auch nach dem Krieg die Baukunst des Kölner Doms unübersehbar war.[2]

In diesem Buch wurden keine Antworten gegeben; es sollten Spuren gelegt werden, die den Leser dahin bringen sollen, das Wichtigste selbst zu denken.

Norbert Pailer,
Meersburg im Juli 2006

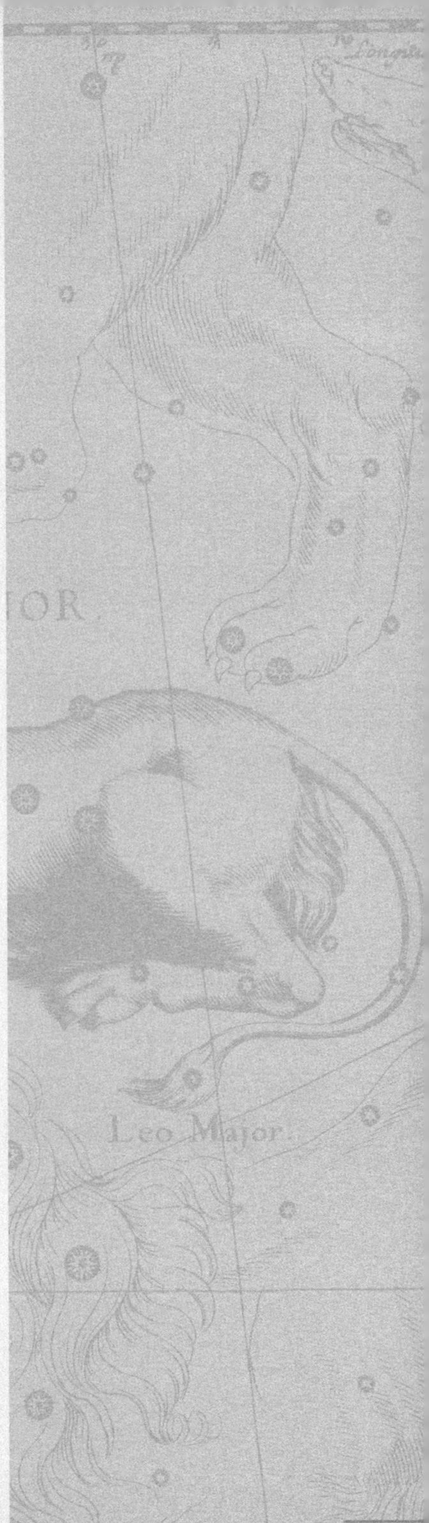

1 Im Buch „Im Zeichen der Schöpfung – vom Innersten eines Atoms bis zu fernsten Galaxien" bin ich näher darauf eingegangen. Eine 2. Auflage ist in Vorbereitung.
2 Dieses Thema kann anhand meines neuen Buches „Der vermessene Kosmos – Ursprungsfragen kritisch betrachtet" vertieft werden.

Psalm 148,1-7a

Halleluja – Preist den Herrn!
Preist den Herrn, alle seine Geschöpfe,
preist ihn droben im Himmel!
Lobt ihn, alle seine Engel!
Lobt ihn, ihr himmlischen Mächte!
Lobt ihn, Sonne und Mond!
Lobt ihn, ihr leuchtenden Sterne!
Lobt ihn, ihr Weiten des Himmels,
und ihr Gewässer über dem Himmelsgewölbe!
Sie alle sollen den Herrn rühmen,
denn sein Befehl rief sie ins Dasein.
Er stellte sie für immer an ihren Platz
und setzte ihnen eine Ordnung,
die sie niemals übertreten dürfen.
Preist den Herrn, alle seine Geschöpfe ...

Falschfarbenbild: Natürliche Farbgebung ist in der Astronomie ein großes Thema. Meist jedoch wird die Farbpalette aufgrund ästhetischer Aspekte entschieden. Im hochenergetischen Bereich des Lichtes, z. B. im Röntgenbereich, werden künstliche Farben entsprechenden Energiebereichen zugeordnet.

Fokalinstrumente: Teleskope bestehen im Allgemeinen aus der das Licht sammelnden Optik. Zur Abbildung dieser Strahlung im Fokus werden Fokalinstrumente, z. B. Kameras, Spektrometer etc. eingesetzt.

Hintergrundstrahlung: Jeder Bereich des Himmels, auch wenn ihm keine direkte Strahlungsquelle zugeordnet werden kann, strahlt eine gewisse Energie ab. Sie wird allgemein als „Echo des Urknalls" bezeichnet, auch wenn es dafür noch andere Modellvorstellungen gibt.

M wie Messier: Im 18. Jahrhundert hat Charles Messier von fast hundert diffus erscheinenden Objekten, die kaum von Kometen zu unterscheiden waren, eine Liste zusammengestellt. Das waren die Anfänge des Messier-Katalogs, einer Zusammenstellung der schönsten astronomischen Objekte.

Lichtjahr: Eine in der Astronomie für Entfernungen benutzte Angabe, also keine Zeiteinheit. Da das Licht in einer Sekunde rund 300 000 Kilometer zurücklegt, ist die Strecke für ein Jahr entsprechend zu kalkulieren. Es gibt daher auch Lichtminuten oder -stunden. Der Mond ist damit rund eine Lichtsekunde von uns entfernt.

Multiversen: Unter Multiversen oder auch Paralleluniversen versteht man Universen, die jenseits von unserem Universum und in diesem Sinne auch unabhängig von ihm existieren. Ein wichtiges Argument für dieses theoretische Konstrukt ist, dass die „Zufälle" in unserem Universum so erklärt werden, dass es eines von vielen ist, in denen z. B. die Verhältnisse für Leben passten.

Naturbild: Das ist der Bereich, den die Naturwissenschaft gestaltet. Hier werden die Verhältnisse allein nach Kriterien der Naturgesetze beurteilt. Gemessene Daten sind die höchste Autorität.

NGC wie New General Catalogue: Er enthält rund 8 000 Objekte, darunter auch die meisten Messier-Objekte. Im Unterschied zum Messier-Katalog sind hier die Objekte nach den Koordinaten geordnet.

Glossar

Sublimation: Dieser Begriff bezeichnet in der Physik den Übergang von Phasen eines Stoffes vom festen direkt zum gasförmigen Zustand. Der umgekehrte Vorgang ist die Resublimation.

Weltbild: Jeder Mensch hat ein Weltbild. Es hängt unmittelbar mit seiner Grundüberzeugung zusammen. Ein Weltbild ist die Summe aller Begriffe, Vorstellungen und Einschätzungen, allen Wissens und Glaubens, aller Erfahrungen und Erkenntnisse, auf deren Grundlage jeder Mensch die Welt

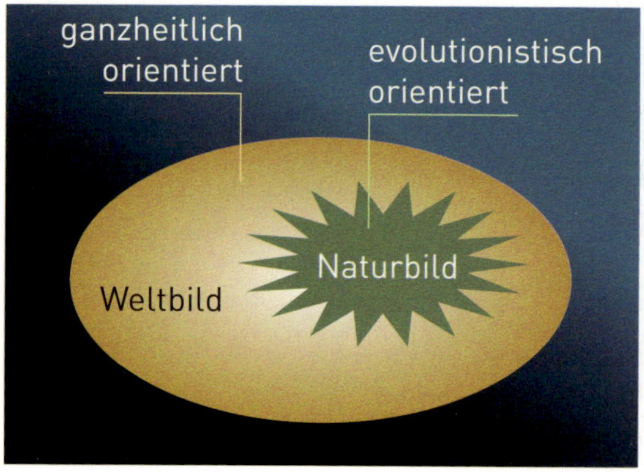

um sich herum begreift. Mit dem Weltbild verknüpfen sich auch die Werte, die man als besonders wichtig einschätzt.

Dank

Wir können nicht einfach aus einer Laune heraus oder weil wir Langeweile haben, zum Mars oder Merkur fliegen. Deshalb möchte ich dem Steuerzahler danken, der uns diese aufregende Forschung ermöglicht. Ich möchte dem Schöpfer danken, dass er uns mit dem All ein so aufregendes, unerschöpflich schönes Labor hinterlassen hat. Johannes Weiss, dem Grafiker dieses Buches, sei herzlich gedankt, der sich in diesem Text-Bildband so richtig ausbreiten konnte. Aber es war auch eine Herausforderung für ihn, das Thema „Kunstwerk Kosmos“ gebührend darzustellen. Ich glaube, das Urteil darüber ist eindeutig.

Herrn Winfried Kuhn vom Hänssler Verlag möchte ich danken für diese schöne Aufgabenstellung, auch wenn sie unter einem nahezu unerträglich knappen Zeitkorsett stattfand. Meiner Lektorin, Uta Müller, ist zu danken, dass sie es geschafft hat, mich immer wieder ans Buch zurückzubringen, denn sie musste neben allem anderen die Termine durchsetzen.

Wenn so ein Buchprojekt neben einer heißen Phase in meinem Brotberuf abzulaufen hat, dann ist eine verständnisvolle Partnerin unersetzlich. Deshalb danke ich meiner lieben Frau, dass sie akzeptiert hat, dass ich mich nun erneut

Weitere Neuerscheinung von N. Pailer und A. Krabbe:

Der vermessene Kosmos

Zwei engagierte Astrophysiker und gleichzeitig überzeugte Christen legen ihre Position zum Spannungsfeld zwischen Kosmologie und Genesis dar. Sie bieten eine kritische Standortbestimmung aktueller Astronomie, Astrophysik und Kosmologie in allgemein verständlicher Form.

über einige Zeit in einer anderen Welt aufhielt und dass sie meine geistige Abwesenheit akzeptiert hat. Ich danke ihr für manchen Tipp, den sie mir unterwegs gab. Aber auch ich habe die Zeit mit ihr vermisst.

Dieses Buch entstand gleich im Anschluss an „Der vermessene Kosmos", sodass mit diesen beiden Büchern dem interessierten Leser ein aktuelles Paket angeboten werden kann, wobei das eine mehr den Intellekt, das andere mehr die Emotionen anspricht.

Dr. Reinhard Junker danke ich für die gründliche Durchsicht des Manuskripts.

Autor

Der Autor

Norbert Pailer hat nach dem Studium der Physik an der Universität Heidelberg in Astrophysik promoviert. Er hat danach an mehreren internationalen Weltraumprojekten gearbeitet, ist Autor von rund 50 Veröffentlichungen und mehreren Weltraumbüchern. Nach Arbeiten für ein Weltraumexperiment in den USA kehrte er an das Max-Planck-Institut in Heidelberg zurück, um später zur Raumfahrtindustrie zu wechseln, wo er seither an verantwortlicher Stelle im Programm „Wissenschaftliche Raumfahrt" an Entwürfen und Planungen zukünftiger Weltraummissionen arbeitet.

Grafiker

Der Grafiker

Johannes Weiss hat sich 1991 nach einem Studium an der Kunstgewerbeschule Zürich und mehreren Praktikas in verschiedenen Werbeateliers selbstständig gemacht und arbeitet nun als Grafiker im Bereich Illustration, Gestaltung und Herstellung von Publikationen und Präsentationen. Eine enge Zusammenarbeit im populärwissenschaftlichen Bereich entstand u.a. mit der Studiengemeinschaft Wort und Wissen.

Bildnachweis

© Bessell, Michael (RSAA, ANU), MSO: 42
© Bibliothèque Nationale de France: 6
© creative collection: 74, 76, 79, 83, 84, 87, 88, 89, 91, 93
© CTIO: 35
© Dornier Satellitensysteme/DLR: 32 (Rosat)
© Dürer, Albrecht, Bildname: 37. Apocalypse Folge, 1496-1498, Sternenfall Holzschnitt: 25
© ESA: 8, 32 (Herschel; XMM-Newton)
© ESA/DLR: 59
© ESO: Cover, 56
© MEV: 5, 75, 81, 82, 83, 86, 87, 88, 90, 91
© Michaud, Peter, Gemini Oberservatory, Hilo, Hawaii
© MundoImagem: Felix Richter: 92
© NASA: 4, 10, 32 (Hubble), 37, 45, 50, 54, 55, 57, 58, 66, 71, 73, 79, 80
© NASA, Akira Fujii: 23
© NASA/Astrium: 67
© NASA/ESA: 13, 42, 44, 48
© NASA, ESA and Allison Loll/Jeff Hester (Arizona State University): 28
© NASA, ESA, CXC and JPL-Caltech: 30
© NASA/ESA/HEIC and The Hubble Heritage Team (STScI/AURA): 9, 21
© NASA, ESA and The Hubble Heritage Team (STScI), 18, 20, 34, 36
© NASA, ESA and The Hubble Heritage Team (STScI/AURA): 15, 26/27, 29, 40
© NASA, ESA, S. Beckwith (STScI) and the HUDF Team: 14, 16
© NASA/GSFC: 51
© NASA, Holland Ford (JHU), the ACS Science Team and ESA: 24
© NASA /JPL: 4, 31, 44, 52, 53, 60, 62, 63, 64, 65, 69, 70, 72
© NASA/JPL/Space Science Institute: 68
© NASA /JPL/Univ. of Arizona/DLR: 61
© NASA/STScI: 11, 35, 38
© NASA/WMAP Science Team: 12
© C. Robert O'Dell and Kerry P. Handron (Rice University), NASA: 22
© Pailer, Oliver: 2
© Pailer, Norbert: 85, 98
© PhotoDisc: 78
© Schickler, Howard: 7
© Seip, Stefan: 42
© STScI, MCCaughrean et al. 1995: 39
© Stromboli online, J. Alean, R. Carniel, M. Fulle: 49
© Weiss, Johannes: 33 (Illustration NASA; von Johannes Weiss neu gestaltet), 43 (Zeichnung Sternkarte), 66 (Illustration NASA; von Johannes Weiss neu gestaltet), 91, 98
© <http.//www.swisseduc.ch/stromboli/perm/van/icons/v26.jpg>: 47

Sternbilder

Sternbilder von Johannes Hevelius:
© Uranographia (1690): Pegasus (Flügelross): 1; Argo Navis (Schiff): 35; Eridanus (Fluss): S. 15, Ursa Major (Großer Bär): 17, 31; Canis Major (Großer Hund): S. 19, Draco (Drachen): 21; Orion (Himmelsjäger): 39, 41; Taurus (Stier): 29, 94; Leo Major (Großer Löwe): 95; Pisces (Fische): 96
Sternbild von J. E. Bode:
© Sternbilder von J. E. Bode, Vorstellung der Gestirne auf XXXIV Tafeln, 1782, Neuauflage im Astaria Verlag Heidelberg 2003: Argo Navis (Schiff): 7; Monoceros (Einhorn): 25/37; Crux (Kreuz): 43

Bildbeschreibungen:

Cover: Das mit irdischen Teleskopen aufgenommene Bild zeigt die Umgebung von NGC 2467 am südlichen Himmel. Die grell bläulich leuchtenden Objekte nimmt der Astrophysiker als Hinweis auf junge Sterne, womit wir einen Blick in eine nur wenige Millionen Lichtjahre entfernte, aktive Sterngeburtsstätte werfen.
6: Hermetisches Weltbild des Mittelalters: Um die Erde sind zunächst die Grundelemente Wasser, Luft und Feuer angeordnet. Mit der Sphäre des Mondes beginnt der Himmel – die Welt des fünften Elements. Jenseits der Fixsterne liegt die geistige Welt der philosophischen Prinzipien, jenseits davon die Welt der Engelwesen, bis wir zur höchsten Instanz gelangen, dem Schöpfer.
8: Das Hubble-Weltraumteleskop bei seiner Arbeit in der Erdumlaufbahn.
9: „Hand Gottes", ein kometarer Nebel am südlichen Himmel, vom Hubble-Weltraumteleskop aufgenommen.
22: Tausende kometenhafte Gebilde wurden vom Hubble-Weltraumteleskop um einen sterbenden Stern im Helix-Nebel beobachtet. Er ist mit 450 Lichtjahren der nächste planetare Nebel.
23: Ausschnitt aus dem Band der Milchstraße im Sternbild Skorpion.
44: Venusoberfläche mit Hilfe von Radarstrahlen aus der Venusumlaufbahn durch die dichte Wolkendecke aufgenommen.
45: Einzelheiten der Marsoberfläche auf einer der ersten hochaufgelösten Bilder des Mars Reconnaissance Orbiter der NASA.

Impressum

Hänssler
Bestell-Nr. 394.516
ISBN (10) 3-7751-4516-8
ISBN (13) 978-3-7751-4516-9

ecpa International Member of the Evangelical Christian Publishers Association

D-71087 Holzgerlingen
Internet: www.haenssler.de
E-Mail: info@haenssler.de

Gesamtgestaltung:
Grafik & Design, J. Weiss, CH-8712 Stäfa
Druck und Bindung:
Druckerei Magnus Press, A.G., Bratislava
Printed in the Slovak Republic